Empreendedorismo e desenvolvimento LOCAL
como estratégia competitiva

Empreendedorismo e desenvolvimento LOCAL
como estratégia competitiva

Renato Dias Regazzi

Editora Senac Rio – Rio de Janeiro – 2022

Empreendedorismo e desenvolvimento local como estratégia competitiva ©
Renato Dias Regazzi, 2022.

Direitos desta edição reservados ao Serviço Nacional de Aprendizagem Comercial –
Administração Regional do Rio de Janeiro.

Vedada, nos termos da lei, a reprodução total ou parcial deste livro.

Senac RJ

Presidente do Conselho Regional
Antonio Florencio de Queiroz Junior

Diretor Regional
Sergio Arthur Ribeiro da Silva

Diretor de Operações Compartilhadas
Pedro Paulo Vieira de Mello Teixeira

Diretor de Educação Profissional Interino
Claudio Tangari

Editora Senac Rio
Rua Pompeu Loureiro, 45/11º andar
Copacabana – Rio de Janeiro
CEP: 22061-000 – RJ
comercial.editora@rj.senac.br
editora@rj.senac.br
www.rj.senac.br/editora

Editora
Daniele Paraiso

Produção editorial
Cláudia Amorim (coordenação), Manuela
Soares (prospecção), Andréa Regina Almeida,
Gypsi Canetti e Michele Paiva (copidesque e
revisão de textos), Priscila Barboza, Roberta
Santos e Vinicius Silva (design)

Impressão: Imos Gráfica e Editora Ltda.

1ª edição: agosto de 2022

CIP-BRASIL. CATALOGAÇÃO NA PUBLICAÇÃO
SINDICATO NACIONAL DOS EDITORES DE LIVROS, RJ

R258e

    Regazzi, Renato Dias
       Empreendedorismo e desenvolvimento local como estratégia competitiva / Renato
Dias Regazzi. - 1. ed. - Rio de Janeiro : Ed. Senac Rio, 2022.
       136 p. ; 23 cm.

       ISBN 978-65-86493-68-9

      1. Empreendedorismo. 2. Desenvolvimento organizacional. 3. Planejamento estratégico.
I. Título.

22-78532

                           CDD: 658.421
                           CDU: 005.342

Gabriela Faray Ferreira Lopes - Bibliotecária - CRB-7/6643

Ao meu pai, Carlos Luiz Regazzi Filho, e à minha mãe, Neuza Dias Regazzi, responsáveis pela minha educação e pelas orientações que recebi.

Aos meus filhos, Bruna e Leonardo, e minha esposa, Adriane Caldara Regazzi, que me deram carinho, compreensão, amor e felicidade para me tornar a pessoa que sou hoje.

Aos meus irmãos, Katia e Rogério, agradeço a amizade, a confiança e o carinho.

E a todos os meus familiares e amigos.

SUMÁRIO

Prefácio 9

Agradecimentos 11

Introdução 13

Capítulo 1 - O que é competitividade e desenvolvimento 15

  1.1 - Dinâmica sistêmica dos fatores de competitividade 15

  1.2 - Estratégia competitiva por meio do desenvolvimento local 27

Capítulo 2 - Novas dinâmicas da competitividade empreendedora .. 31

  2.1 - Definição de convergência setorial 31

  2.2 - Sistema de inovação e inovação aberta 41

  2.3 - Formação de redes empresariais 47

  2.4 - Integração entre comércio, serviço e a indústria:
      encadeamentos produtivos e ESG 48

    2.4.1 - O comércio como estratégia de encadeamento produtivo ... 51

  2.5 - Cadeias produtivas e suas redes e clusters,
      polos ou arranjos produtivos locais 54

Capítulo 3 - Empreendedorismo e a liderança transformadora
empreendedora 67

  3.1 - Empreendedorismo, intraempreendedorismo e inovação 70

  3.2 - Liderança transformadora empreendedora 73

  3.3 - Plataforma da liderança 82

Capítulo 4 - Empreendedorismo em momentos de crise 85

  4.1 - Dificuldades de empreender no Brasil 87

  4.2 - Perfil profissional dos gestores e colaboradores 90

  4.3 - Oportunidades e desafios 92

    4.3.1 - Oportunidades empreendedoras e de
      desenvolvimento local 101

  4.4 - A resiliência é o segredo do sucesso das organizações
      e de seus líderes 104

Capítulo 5 - Tendências de mercado e a importância do local 107

  5.1 - Tendências observadas no maior evento de varejo
      mundial - NRF 2022 110

  5.2 - Resumo das tendências e desenvolvimento local 118

Capítulo 6 - Empreendedorismo e desenvolvimento local 121

Capítulo 7 - Considerações finais 131

PREFÁCIO

O empreendedorismo e o desenvolvimento local – que são o mote desta obra – despontam como tendências do pós-pandemia da Covid 19 e das recentes disputas globais.

No capítulo inicial, o autor discorre sobre o que é competitividade e desenvolvimento, e prossegue com o tema competitividade, que trata mais especificamente as novas dinâmicas da competitividade empreendedora.

No decorrer dos capítulos, é feita referência à liderança transformadora empreendedora e são relacionadas dificuldades, oportunidades e desafios que ocorrem em momentos de crise. Revelam-se ainda as tendências de mercado, incluindo as que foram observadas no maior evento mundial de varejo – a NRF Retail's Big Show – e a importância do local.

O capítulo final resume bem o tema central da obra e apresenta um modelo de desenvolvimento local, em 11 passos, que pode ser ferramenta poderosa para a busca do dinamismo econômico e social de uma localidade. Para concluir, sugere-se o fomento ao empreendedorismo e ao desenvolvimento local como solução na busca de caminhos para o desenvolvimento econômico e social.

O conhecimento dos temas empreendedorismo e desenvolvimento local pode fazer grande diferença para o sucesso das empresas e dos profissionais, sejam estes gestores, empreendedores, colaboradores em geral, sejam responsáveis por políticas públicas de desenvolvimento econômico e social. É com origem no local que um país poderá favorecer o seu desenvolvimento econômico e social de forma justa e igualitária, dentro das regras da competitividade.

A observação das características de cada região nos permite a formatação de políticas públicas de desenvolvimento, com aproveitamento integral das potencialidades.

Uma obra que deve estar presente na biblioteca de todos que pretendam traçar estratégias de desenvolvimento adequadas às potencialidades e realidades existentes.

Antonio Florencio de Queiroz Junior

AGRADECIMENTOS

A construção de um livro é complexa e necessita de informações e conhecimentos individuais e coletivos. Assim, agradeço a todos os meus amigos as inúmeras conversas e discussões sobre diversos assuntos e temas relacionados a desenvolvimento, empreendedorismo e competitividade. Destaco todos os amigos de trabalho e de convivência pessoal, que me brindaram com conhecimento em nossas inúmeras conversas.

Gostaria de agradecer à Editora Senac a oportunidade da parceria. Agradeço em especial a toda a competente equipe do Senac RJ, principalmente ao presidente, Antonio Florencio de Queiroz Junior, e ao diretor Sergio Arthur Ribeiro da Silva o carinho, a amizade e o convite para escrever esta importante publicação para o mundo profissional, social e dos negócios.

INTRODUÇÃO

O mundo está sofrendo grandes mudanças tanto do ponto de vista tecnológico quanto do político, social e ambiental. Com isso, estão ocorrendo inúmeros problemas e conflitos, que criam incertezas em relação ao futuro. O importante é termos a consciência de que, apesar dessas rápidas mudanças, a sociedade nunca esteve tão preparada do que está atualmente para lidar com toda essa transformação. A vida pode parecer injusta e cheia de problemas, mas temos de analisar a história da humanidade e ver que houve uma renovação para melhor em relação aos aspectos das necessidades humanas e de seu bem-estar.

Um dos grandes problemas da atualidade é a falta de emprego ou de postos de trabalho. Com o advento das novas tecnologias, dos problemas ambientais e a ausência de políticas públicas efetivas de fomento à geração de emprego e renda, cada vez mais parte da sociedade fica excluída de suas necessidades básicas. Esse é o maior problema dos tempos de hoje, juntamente às questões ambientais, visto que esta última impacta o bem-estar da sociedade e, também, a geração de renda.

Assim, na busca de caminhos para o desenvolvimento econômico e social, o fomento ao empreendedorismo e ao desenvolvimento local pode ser uma boa solução. Isso porque, pelo empreendedorismo e por políticas públicas que o incentivem, a população poderá criar o próprio trabalho, promovendo novas oportunidades de renda. É claro que, para isso, a formação e a educação de qualidade devem ser aprimoradas, uma vez que a educação é o insumo básico e mais importante para o sucesso de um empreendimento.

E, em complemento ao empreendedorismo, o fomento ao desenvolvimento local é um modo de criar empregos na localidade, por meio do estímulo às vocações locais e suas identidades, qualidades e singularidades, criando reputação e especializações locais. É com origem no local que um país poderá favorecer o seu desenvolvimento econômico e social de forma justa e igualitária, dentro das regras da competitividade.

O conhecimento sobre os temas do empreendedorismo e do desenvolvimento local, então, pode fazer grande diferença para o sucesso das empresas e dos profissionais, sejam estes gestores, empreendedores, colaboradores em geral, sejam responsáveis por políticas públicas de desenvolvimento econômico e social. O empreendedorismo e o desenvolvimento local são oportunidades para todos – conforme apontado constantemente por muitos especialistas em desenvolvimento – como tendências do pós-pandemia da Covid 19 e das recentes disputas globais. Estre estas, destacamos o conflito entre Ucrânia e Rússia, que está mudando a ordem global, fazendo com que cada país desenvolva as suas capacidades empreendedoras, de cadeias de suprimento, de produção e tecnologias locais.

capítulo
1
O QUE É COMPETITIVIDADE E DESENVOLVIMENTO

O aumento da produtividade é a chave para o desenvolvimento econômico e social.

1.1 Dinâmica sistêmica dos fatores de competitividade

São muitos os desafios e reflexões sobre os caminhos em busca do desenvolvimento de uma sociedade mais eficiente e justa. No entanto, existe um consenso em relação à produtividade e seu impacto na competitividade, com foco no desenvolvimento econômico e ao social. O Brasil circula aproximadamente entre as 13 maiores potências econômicas mundiais, porém está em uma posição ruim em relação à competitividade global, em torno da 71ª de um total de 141 países pesquisados, conforme dados do Fórum Econômico Mundial (2019).

A baixa produtividade impacta diretamente a competitividade de um país e de suas empresas, podendo reduzir de maneira significativa a capacidade empreendedora e a geração de emprego e renda em uma sociedade. Podemos deduzir, então, que o Brasil apresenta baixa capacidade de gerar empregos e renda caso se mantenha na atual posição no ranking de competitividade mundial. Portanto, é necessário um esforço integrado e convergente de todos os atores econômicos e sociais para a melhoria da produtividade sistêmica do Brasil, seja no setor privado, seja no tecnológico ou no público.

Há muitas definições sobre produtividade, mas todas têm em comum a lógica de fazer mais com menos ou de produzir mais produtos, serviços e resultados com menos recursos e tempo, ou, ainda, com os mesmos recursos e tempo, fazer mais produtos e serviços, gerando melhores resultados. A variável tempo é muito relevante na produtividade, pois, à medida que uma diminui, a outra aumenta; isto é, se produzirmos a mesma quantidade de produtos e serviços em menos tempo, teremos maior produtividade. Por essa lógica, vários indicadores ou algoritmos podem ser elaborados para medir os índices de produtividade e estabelecer metas para sua melhoria. Esse já seria um bom caminho a ser seguido, uma vez que não sabemos como está a produtividade nem o que fazer para melhorá-la se não a medirmos.

> **COMPETITIVIDADE:** A capacidade de a organização formular e implementar estratégias concorrenciais, que lhe permitam ampliar e conservar, de forma duradoura, uma posição sustentável no mercado.
>
> Fonte: Ferraz, J. C.; Kupfer, D.; Haguenauer, L. *Made in Brazil: desafios competitivos para a indústria.* Rio de Janeiro: Editora Campus, 1997.

Em relação ao entendimento de alguns conceitos sobre competitividade, o que foi relatado é muito influenciado pela produtividade. Uma boa definição sobre competitividade pode ser a capacidade de um país e de suas empresas formularem e implementarem estratégias concorrenciais de sobrevivência, que lhes possibilitem ampliar mercados, emprego e renda, de forma duradoura, ocupando uma posição sustentável e longeva. Consequentemente, maior eficiência gera maior competitividade. Como eficiência reflete a lógica de fazer mais com menos, o que remete então aos conceitos de produtividade, podemos concluir que uma das chaves para melhorar a competitividade é aumentar a produtividade sistêmica. Para isso, faz-se utilização de tecnologias e inovações, maior capacitação do trabalhador, melhores infraestruturas, melhores informações, menor burocracia e menores custos de insumos básicos, como a energia.

O importante é compreender e promover a melhoria da produtividade sistêmica, que engloba as empresas e suas tecnologias, gestores e trabalhadores, setor tecnológico, setor público, além das infraestruturas existentes, com foco nas cinco dimensões que impactam a produtividade:

1. **qualidade de produtos, serviços e processos;**
2. **redução de custos;**
3. **aumento da velocidade de produção;**
4. **redução dos prazos de entrega;**
5. **garantia da conformidade de produtos e serviços.**

Essas cinco dimensões da produtividade tornam possível melhorar a competitividade de um sistema produtivo para as empresas e para a sociedade.

Então, podemos refletir que, para termos uma sociedade eficiente e justa, um dos caminhos é melhorar a nossa competitividade. Para tal, devemos aumentar significativamente a produtividade das cadeias produtivas nacionais e seus territórios produtivos (clusters); melhorar as infraestruturas do país, a educação, a gestão, a inovação e a eficiência das empresas e dos setores públicos e tecnológicos; integrar e fortalecer as suas instituições de fomento, de representação e de tecnologia. Devemos também integrar grandes, médias e pequenas empresas em uma rede de clientes e fornecedores eficiente e colaborativa de produção e consumo de serviços e produtos de qualidade, que garanta mais empregos e renda para a sociedade. Isso ampliará mercados nacionais e internacionais para as empresas locais e suas cadeias produtivas, uma vez que a produtividade do mercado local aumentará ainda mais com o maior poder de compra da população, que terá mais empregos e renda, criados por empresas competitivas, fazendo com que o país entre em um ciclo virtuoso de desenvolvimento.

A estratégia competitiva seria atrair investimentos e melhorar os fatores de competitividade das empresas e de suas localidades para, então, adensar as cadeias produtivas. Uma cadeia produtiva, ou cadeia de suprimentos, pode ser definida como um sistema constituído por agentes tomadores de decisão envolvidos em processos interdependentes, por meio de um fluxo de produtos e serviços em uma direção e informações em direção oposta. É composta de fornecedores de matérias-primas, passando pelos transformadores, distribuidores, até os consumidores finais. Atualmente, essa definição de cadeia produtiva se estende após o consumo, com a reutilização, o reaproveitamento e a reciclagem em uma economia cada vez mais circular e sustentável.

Sob a lógica de tal cadeia encontram-se os clusters, ou arranjos produtivos, que não necessariamente contêm toda uma cadeia produtiva em um território, sendo, porém, que esta pode ser formada por vários clusters. Define-se cadeia produtiva de maneira mais detalhada, aproveitando o conceito já abordado, como o conjunto de atividades econômicas que se articulam progressivamente desde o início da elaboração de um produto ou serviço. Isso compreende matérias-primas, insumos básicos, máquinas e equipamentos, componentes, produtos intermediários até o produto final, distribuição, comercialização, colocação do produto e serviço para o consumidor, incluindo assistência técnica e reutilização, reciclagem no pós-consumo, constituindo elos de uma corrente.

É possível classificar os elos da cadeia produtiva, de modo resumido, em fontes (matéria-prima), fornecedores, processadores ou produtores, distribuidores e prestadores de serviços, varejistas e consumidores. No conceito do desenvolvimento econômico e social, deve-se entender que abordagens exclusivamente setoriais, sem observar as interações empresariais nas cadeias produtivas e entre setores (convergências), podem ignorar os problemas que acometem seus fornecedores e prestadores de serviços, trabalhadores e até mesmo as políticas públicas, de forma eficiente e sistêmica. Por isso, é importante analisar toda a cadeia produtiva (Figura 1.1), não apenas os setores. Daí a importância da análise do ambiente de negócios e de suas estratégias de competitividade, pela lógica dessa cadeia.

Figura 1.1 – Cadeia produtiva.

A competição internacional se faz entre cadeias produtivas já há bastante tempo. Então, todo o esforço dessa lógica de melhoria da competitividade e do uso do poder de compras para adensamento econômico tem como objetivo aumentar a participação de alguns elos das cadeias produtivas nos mercados nacionais e internacionais. Isso é viável mediante o incremento das exportações de produtos e ampliação da forte presença destes no mercado interno e no mercado internacional, o que será obtido com capacitação tecnológica, aumento da qualidade, maior produtividade e inovação. Como consequência, o produto ou serviço será reposicionado no mercado em menor tempo e melhor espaço competitivo. A competição entre cadeias produtivas remete ao conceito de competitividade, que pode ser traduzida de forma simplificada em produtos e serviços mais baratos, de melhor qualidade, mais eficientes e efetivos. Todavia pode remeter ainda às questões referentes à qualidade das estradas, dos portos, da eficiência das comunidades, da qualidade das leis e regulamentos, da saúde da população, da burocracia e tributos, da distribuição da população, tanto quanto aos investimentos em pesquisas, em novos conhecimentos e tecnologias.

Para compreender melhor as dimensões da competitividade capazes de impactar as cadeias produtivas e respectivas empresas, é possível identificar três dimensões ou fatores encontrados nos sistemas econômicos (Figura 1.2):

1. **A dimensão empresarial, em que os fatores empresariais são aqueles sobre os quais a empresa detém poder de decisão e podem ser controlados ou modificados por meio de condutas ativas assumidas, que correspondem às variáveis no processo decisório. Tais fatores dizem respeito a todos os recursos acumulados pela empresa e às estratégias que serão seguidas pelos gestores. Enfim, são os fatores condicionantes que podem ser alterados ou controlados pelas empresas e seus empreendedores e gestores, são dimensões relativas à microeconomia, à administração: a relação entre custo e preço, a produtividade, a qualidade, a inovação, a gestão e o marketing.**

2. **A dimensão estrutural, em que os fatores são aqueles sobre os quais a capacidade de intervenção da empresa, de empreendedores e gestores é limitada pela mediação do processo de concorrência, estando apenas parcialmente sob a área de influência da empresa. Os fatores estruturais apresentam características específicas setoriais mais nítidas, na medida em que sua importância está diretamente relacionada ao padrão de concorrência dominante em cada setor e seus segmentos (indústria, comércio, serviço e agricultura/pesca). Isso ocorre conforme o ambiente competitivo no qual as empresas se enfrentam, abrangendo não somente as características da demanda e da oferta mas também a influência**

de instituições extramercados, públicas ou privadas, que definem o regime de incentivos e regulação da concorrência prevalecente, diferentemente dos fatores empresariais.

Em termos de mercado, fatores estruturais integram características importantes para a dimensão estrutural da competitividade, como taxas de crescimento, distribuição geográfica e faixas de renda; grau de sofisticação tecnológica e outros requisitos impostos aos produtos; oportunidades de acesso a mercados internacionais; sistemas de comercialização. Tais sistemas são relativos à intensidade do esforço de P&D (pesquisa e desenvolvimento); às oportunidades tecnológicas inclusive de introdução de inovações; ao grau de verticalização e diversificação setorial; à distribuição espacial da produção e adequação da infraestrutura física; ao relacionamento da empresa com fornecedores, usuários e concorrentes; a representações empresariais e a relações com os trabalhadores. Do regime de incentivos e regulação da concorrência, fazem parte: o grau de rivalidade entre os concorrentes; o grau de exposição ao comércio internacional; a ocorrência de barreiras tarifárias e não tarifárias às exportações; a estrutura de incentivos e tributos à produção e ao comércio exterior, incluindo os aspectos relacionados ao financiamento e ao custo de capital; os produtos substitutos e poder de barganha nas cadeias produtivas, além da capacidade empreendedora da população.

3. A terceira dimensão da competitividade está relacionada aos seus fatores sistêmicos, que são aqueles que constituem externalidades para as empresas e sobre os quais ela detém escassa ou nenhuma possibilidade de intervir, mas, ainda assim, importam para o processo decisório. Podem ser, então, traduzidos como fatores macroeconômicos: taxa de câmbio, carga tributária, taxa de crescimento do produto interno, oferta de crédito e taxas de juros, política salarial e outros parâmetros.

Os fatores político-institucionais abrangem a política tributária, política tarifária, apoio fiscal ao risco tecnológico e poder de compra do governo; os fatores legais-regulatórios compreendem políticas de proteção à propriedade industrial, de preservação ambiental, de defesa da concorrência e proteção ao consumidor; de regulação do capital estrangeiro e de burocracias; além de fatores ligados à eficiência das infraestruturas do país. Essa dimensão também engloba efeitos adversos globais, como os decorridos da crise da saúde e da economia criados pela pandemia da Covid 19 e por conflitos mundiais, como a guerra entre a Rússia e a Ucrânia.

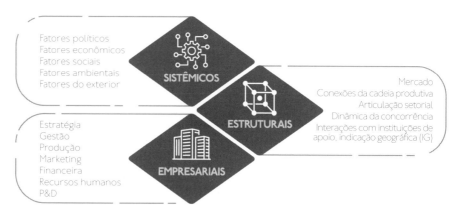

Figura 1.2 – Fatores de competitividade.

A avaliação da competitividade da cadeia produtiva considera, de forma interdependente e não fragmentada, as três dimensões: empresarial, estrutural e sistêmica. Como resultado dessa abordagem, é possível tanto elaborar estratégias empresariais e propostas de políticas de desenvolvimento econômico e social que potencializem os pontos fortes de uma organização ou de uma região quanto minimizar ou propor melhorias sobre os aspectos negativos ou faltantes.

Observa-se que os clusters ou polos competitivos são um meio de aglomeração produtiva concentrada em determinada região e que apresenta grande interação entre seus membros empresariais, institucionais e tecnológicos. Tais membros estão inseridos em uma cadeia produtiva e de valor, o que pode gerar externalidades positivas por meio da teoria das aglomerações e impactar, assim, alguma das dimensões da competitividade. Eles, em muitos casos, podem ser adensados, ou seja, podem apresentar vários elos de uma cadeia produtiva; por esse motivo, recomenda-se que sejam analisados sob a ótica das três dimensões da competitividade, como estratégia em busca do desenvolvimento econômico e social (Figura 1.3).

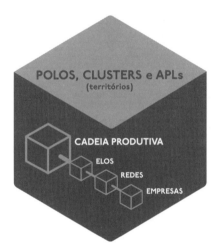

Figura 1.3 – Integração de conceitos: empresas, redes, cadeia produtiva e polos/clusters/APLs.

A dinamização dos polos competitivos ou clusters pode servir de importante alavanca da competitividade das cadeias produtivas e, consequentemente, pode funcionar como exemplo de "motor" para o desenvolvimento econômico de uma região ou um país. O professor Michael Porter (1989) ressalta que uma das explicações para a competitividade entre nações pode ser encontrada na situação dos clusters econômicos e de seus territórios. Ele também destaca a existência de cinco forças que estão diretamente relacionadas ao tipo de estratégia competitiva a ser utilizada por uma empresa ou setor. As cinco forças descritas formam um modelo da área de administração, conhecido por Diamante de Porter (Figura 1.4):

1. rivalidade entre concorrentes existentes;
2. poder de barganha dos clientes;
3. poder de barganha dos fornecedores;
4. ameaça de novos entrantes;
5. produtos ou serviços substitutos.

Figura 1.4 – As cinco forças da competitividade.

"A investida competitiva dos países asiáticos com reduzidos recursos naturais não tem, na realidade, origem em recursos próprios favoráveis, mas em estratégias coerentes de industrialização", conforme destaca Kotler.[1]

Cada país mobiliza e molda constantemente suas capacidades de recursos limitados, porém produtivos, para obter vantagens econômicas; para isso, os clusters empresariais são potenciais fornecedores de algumas estratégias econômicas referentes ao desenvolvimento do portfólio industrial e de serviços, além de todos os ativos de uma nação. A sua lógica está intimamente relacionada à capacidade de

---

[1] Kotler, P. et al. *O marketing das nações: uma abordagem estratégica para construir as riquezas das nações*. São Paulo: Editora Futura, 1997.

integração entre os atores econômicos, tecnológicos, sociais e institucionais, como atributo que dinamiza o processo de inovação e de capacidade de produção, e à oferta de portfólios de produtos, como abordado por Kottler. O fomento à integração e às conexões empresariais é um bom caminho para o desenvolvimento de estratégias competitivas cujo foco é a convergência setorial como estímulo à inovação de produtos, serviços, processos e novos modelos de negócios.

Conforme gráfico sobre as estratégias de desenvolvimento para uma economia avançada (Figura 1.5), as análises competitivas de uma empresa ou território devem considerar quatro pilares para o seu planejamento e execução, visando ao desenvolvimento de forma competitiva.

1. o pilar dos fatores de competitividade;
2. o pilar das vocações regionais e indicadores territoriais;
3. o pilar dos sistemas produtivos existentes ou que serão perseguidos;
4. o pilar fundamental da liderança transformadora empreendedora.

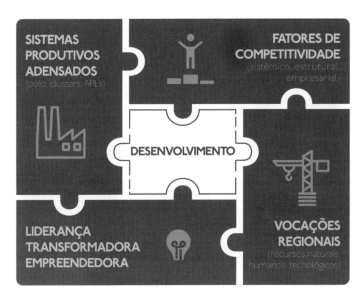

Figura 1.5 – Estratégia de desenvolvimento econômico e social.

Como já descrito, de modo resumido, a base das estratégias competitivas tem três fatores que vão impactar uma empresa, organização ou um território. Esses fatores podem ser de cunho empresarial, e o gestor tem total autonomia para desenvolvê-lo por: estratégias de marketing, sistema de produção, recursos humanos, entre outros fatores empresariais. Após essa análise, devem ser observados os fatores estruturais, os quais estão no ambiente do setor em que a empresa está envolvida. Os fatores em questão abrangem questões de concorrência, mercado e regulamentação, além da análise das cinco forças da competitividade: poder de barganha dos clientes e dos fornecedores, ambiente de concorrência, novos entrantes e produtos substitutos, regulamentação do setor, entre outros.

Representações setoriais, sindicais, cooperativas e outros modelos de governança, como as de territórios, que objetivam o desenvolvimento local, são um meio de a empresa obter influência nesse fator de cunho estrutural. Por último, para lembrar, temos os fatores sistêmicos, que se relacionam a questões macroeconômicas, como taxa de juros e de câmbio. O poder de influência é muito limitado nesse caso, mas pode ser exercido parcialmente por representações setoriais nacionais e internacionais, como também por voto, seja no âmbito do poder executivo, seja no do legislativo, pois ambos podem influenciar esses fatores a melhorar a competitividade do país e de suas empresas.

Em relação ao pilar sobre vocações regionais, os dados socioeconômicos locais mostram-se fundamentais para definir os setores que serão os vetores do desenvolvimento, a fim de entender o seu potencial de integração e convergência, e também para analisar os setores portadores de futuro, que podem ser previstos para uma região. Em seguida, o pilar dos sistemas produtivos adensados fundamenta a busca de modelos e metodologias de benchmarking (comparar práticas de sucesso) de dinamização de clusters/polos similares, com potencial de adensamento de cadeias produtivas, inovação e de integração setorial.

Por último, tem-se o pilar da liderança transformadora empreendedora, no qual será necessário identificar perfis de lideranças positivas, engajadas, motivadas e realizadoras, que serão os elementos fundamentais para planejamento, coordenação e execução da estratégia competitiva a ser implementada. Sem esse último pilar bem resolvido, a estratégia competitiva ficará seriamente comprometida.

Como é possível observar na Figura 1.6, os quatros pilares se alinham de modo interdependente para formar um conjunto convergente, que, integrado, torna possível elaborar uma boa estratégia de desenvolvimento econômico e social para as empresas e para os territórios produtivos.

1.2 Estratégia competitiva por meio do desenvolvimento local

É importante definir a expressão "política de desenvolvimento ou política industrial". Ela pode ser entendida como o conjunto de instrumentos que corroboram positivamente, direta ou indiretamente, para o setor empresarial em questões relacionadas ao aumento da produtividade, da qualidade e da inovação em produtos e serviços, com o objetivo de alcançar a competitividade. Isso acontece por intermédio de programas que minimizam possíveis "falhas de mercado" e visam à aplicação de soluções para reduzir as assimetrias de mercado e promover o acesso ao crédito com juros competitivos. Tais programas facilitam a pesquisa e os registros de patentes, a inovação, a tecnologia e promovem a qualidade na formação da mão de obra e da gestão, além de disseminarem informação e reduzirem burocracia e promoção da equidade de tributos.

Ainda no âmbito da política industrial, de comércio e serviços, faz-se necessário o conhecimento e a utilização das melhores práticas nacionais e internacionais de fomento às cadeias produtivas e respectivos territórios, a exemplo dos modelos organizacionais produtivos locais, como os clusters (polos competitivos e polos do mar). Estes necessitam de um melhor acesso a mercados, internacionalização e boa infraestrutura e logística, de razoável arcabouço tributário e regulamentário que facilitem a competitividade, com simplificação da burocracia. O importante é ter, pelo menos, equidade tributária e burocrática em relação aos demais países e regiões.

As políticas de desenvolvimento sistêmico devem abordar as questões ambientais, de saúde e segurança no trabalho e de incentivos, a fim de possibilitar ganhos superiores em relação ao desenvolvimento econômico e social de uma localidade, que não seriam possíveis caso não fossem implementadas. Os aspectos referentes às questões macroeconômicas são muito importantes e impactam o ambiente empresarial, a exemplo de questões referentes às taxas de juros e de câmbio, inflação e aos acordos internacionais.

Para definição e aplicação de uma política de desenvolvimento local eficiente, as soluções de cunho público, privado e tecnológico devem convergir e ser aplicadas por intermédio de um planejamento de curto, médio e longo prazos, de forma escalonada, em um território. Nele, deve haver consenso entre os agentes produtivos, do comércio, do serviço e de suas representações; entre o governo e as entidades tecnológicas e de fomento, com o propósito de definir as prioridades, as responsabilidades, a coordenação e os recursos necessários para a sua implantação. A consequência do planejamento será a construção de um modelo econômico dinâmico que tenha condições de gerar emprego e renda compatíveis com as necessidades da população.

Para as empresas e seus empreendedores e gestores terem uma política de desenvolvimento eficiente, faz-se necessário priorizar as questões ligadas a crédito, tributação e regulamentação que facilitem empreender, questões ambientais simplificadas, formação de mão de obra, acesso a tecnologias e inovação, cooperação e integração ao longo das cadeias produtivas (encadeamento produtivo), acesso a novos mercados e novas ferramentas de gestão, além de valorização da economia local.

O importante é planejar uma política de desenvolvimento que promova novos investimentos, maior produtividade e integração das cadeias produtivas do país e de suas regiões, e que apoie as micro e pequenas empresas. Deve ser uma política de Estado que transforme o Brasil com base em suas vocações locais e diferenciais competitivos, independentemente de mudanças de governo. Nesse contexto, a confiança no ambiente de negócios é um fator crítico de sucesso para o desenvolvimento econômico e social.

"Desenvolvimento local" pode ser definido como assistência aos territórios menos desenvolvidos econômica e socialmente ou que demonstrem potenciais de crescimento, com o objetivo de promover resultados positivos percebidos internamente e externamente à localidade. Nesse processo, uma das questões fundamentais ao desenvolvimento é o engajamento das lideranças locais na construção de soluções adequadas para resolver os problemas existentes e planejar o futuro sustentável dos setores e das comunidades de um território. O território pode ser definido como uma região, uma cidade, um bairro ou parte deste. O importante é delimitar o universo a ser analisado e buscar informações quantitativas e qualitativas sobre as características culturais, tecnológicas, econômicas, sociais e ambientais existentes na localidade.

Nesse contexto do desenvolvimento de um território, no caso do Brasil, é fundamental a existência simultânea de atores internos empoderados, endógenos, que se relacionam com agentes externos, exógenos, com interesse genuíno em buscar o pleno desenvolvimento econômico e social, o que é complexo e exige confiança entre todos os envolvidos para obter sucesso.

capítulo

2

NOVAS DINÂMICAS DA COMPETITIVIDADE EMPREENDEDORA

2.1 Definição de convergência setorial

Desafio da convergência por meio da integração entre setores e de modelos de gestão é uma estratégia de competitividade.

Pela necessidade da evolução de estratégias empresariais e do desenvolvimento econômico e social, novos olhares são necessários para o enfrentamento dos desafios gerados pelas crises econômicas e políticas da atualidade. Para compreender o tema de modo geral, é interessante estabelecer o que se entende por convergência setorial. Esta pode ser definida como uma grande integração e conexão entre setores econômicos e suas atividades econômicas, que muitas vezes não se enxergam relacionadas, seja de forma complementar, seja correlata, mas que conseguem fazer parte de um mesmo modelo de negócio ou de um sistema produtivo.

Ao implantar a estratégia da convergência setorial, abre-se caminho para o fomento à inovação em segmentos direta ou indiretamente envolvidos com a empresa, tanto contribuindo para o desenvolvimento da cadeia de valor das organizações em determinada localidade quanto integrando setores e respectivas cadeias produtivas. Isso pode ser uma boa maneira de geração de valor compartilhado em uma nova economia que sinaliza cada vez mais soluções e negócios colaborativos. Essa lógica de convergência setorial está ocorrendo, sobretudo, em alguns setores intensivos em tecnologia e poderá provocar a desconstrução de muitas atividades econômicas e suas empresas. Novos produtos, serviços e modelos de negócios estão aparecendo e substituindo os anteriores.

Os celulares servem bem de exemplo de grandes mudanças criadas pela convergência de tecnologias e de setores. Esses dispositivos estão transformando a vida das pessoas e criando hábitos de consumo. Esse produto não é hoje apenas um instrumento de comunicação por voz a distância, ou seja, um telefone. Ele também é um computador, uma máquina fotográfica, um instrumento de comunicação por texto, uma filmadora, uma televisão, um caixa de banco, entre outros serviços existentes ou que estão por vir. Ele representa uma verdadeira fusão entre setores.

Percebe-se que, na abordagem da convergência entre setores, o "telefone" evoluiu, sem nunca deixar de ser o que era antes, um instrumento de comunicação por voz, embora também o denominemos celular ou smartphone. É provável que o termo telefone desapareça no futuro, sendo substituído por um novo dispositivo que signifique, na cabeça dos consumidores, uma nova lógica de múltiplos sistemas de comunicação e outras funcionalidades.

Logo, o celular é um ótimo exemplo de convergência tecnológica e setorial, de produtos e de serviços, de fato um exemplo do uso de força estratégica referente a produtos substitutos, como sinalizado pelo professor Michael Porter, na análise da estratégia competitiva por meio das cinco forças: rivalidade entre concorrentes existentes, novos entrantes, produtos substitutos, poder de barganha dos clientes e poder de barganha dos fornecedores.

Ao trazer essa lógica da convergência como exemplo para outros setores e respectivas cadeias de valor, é possível desenvolver estratégias empresariais e políticas de fomento que integram setores econômicos e suas cadeias produtivas. Constata-se, então, que os setores econômicos devem interagir mais intensamente entre si.

A fim de compreender melhor a estratégia de convergência setorial para o desenvolvimento local, basta identificar em determinadas localidades ou empresas algum setor econômico de maior relevância ou alguma vocação. Nesse caso, para facilitar a análise, pode-se chamar de indutor ou vetor do desenvolvimento aquele que puxa os demais setores existentes em um determinado território. É esse vetor econômico que será capaz de definir os rumos da dinâmica econômica pela integração e conexão com outros setores e empresas na mesma localidade. Essa lógica possibilitará que todos os setores econômicos existentes em uma região interajam entre si e promovam uma melhor utilização dos ativos existentes, tangíveis e intangíveis, com vistas a impactos relevantes na produtividade, nas inovações e nos negócios.

Pode-se fomentar a inovação gerada pela interação, pelo olhar da convergência, com auxílio da tecnologia e da integração. Um segmento econômico pode deter uma tecnologia, analógica ou digital, que também poderá ser muito útil ao outro. Esse raciocínio também consegue utilizar os fatores culturais de determinada localidade para se encaixar e provocar a sua integração com os demais setores econômicos, o que poderá gerar novos produtos e serviços por meio do design, da indicação geográfica, da utilização de novas práticas e materiais.

Tal integração, que usa a cultura como inovação, não costuma ser tão clara para formuladores de políticas públicas ou gestores de empresas, mas faz parte da estratégia da convergência setorial, cujo foco é o desenvolvimento local. Assim, a cultura também pode ser uma importante fonte de inovação e deve ser integrada às tecnologias e aos setores tradicionais. O que se vê é que os segmentos econômicos não se identificam, apesar de estarem direta ou indiretamente interligados, fazendo parte de um mesmo sistema econômico e social. A conclusão é que muitos ativos existentes em um território não geram as riquezas necessárias para o pleno desenvolvimento de suas comunidades, visto que os programas e projetos para o desenvolvimento funcionam, muitas vezes, de forma fragmentada e difusa.

E, para a utilização prática de abordagem da convergência setorial, podem ser usados os diagramas da matemática de Euler e Venn. Isso nada mais é do que aplicar a teoria dos conjuntos – em que os setores são representados por círculos individuais e, quando colocados próximos, são observadas as suas interseções (elementos comuns aos conjuntos); é exatamente aí que estão as singularidades. E quanto mais conjuntos interagem, maiores serão as singularidades e, consequentemente, o potencial de inovação e de novos modelos de negócios ou sistemas de gestão.

Cabe lembrar que o pensamento convergente não está limitado ao lucro que as empresas têm condições de gerar, mas aos benefícios sociais e ambientais interligados. Também são incluídos nessa lógica os impactos a médio e longo prazos nas taxas de violência, educação, desemprego e melhoria da qualidade de vida e de saúde da população. Mais uma vez, tudo está interligado. Direta ou indiretamente, tudo se converge em um mesmo sistema econômico, social e ambiental. Como pode ser observado na Figura 2.1, a integração entre setores tradicionais, tecnológicos e culturais/criativos gera singularidades que poderão se tornar inovações em produtos, serviços, processo ou em modelos de negócios. Como vale a pena ressaltar, um fator crítico de sucesso para essa abordagem da convergência setorial é a qualidade das lideranças que conduzirão esse processo.[2]

---

[2] Di Giorgio Sobrinho, Carlos A.; Regazzi, Renato D.; Pinaud, Antônio. *Convergência setorial: um caminho para o desenvolvimento*. Rio de Janeiro: Di Giorgio & Cia. Ltda., 2017. 182 p.

Figura 2.1 – Convergência setorial.

A estratégia da convergência setorial pode ser uma prática que otimiza os recursos do país e de suas empresas, visando ao desenvolvimento das suas cadeias produtivas por meio das atividades empreendedoras. Se olharmos sob o ponto de vista dos recursos e segmentos de um estado ou uma empresa, sob a ótica do desenvolvimento empresarial e regional, conseguimos identificar facilmente os vetores mais relevantes de cada localidade ou até mesmo de cidades-polo. Com a seguida promoção das inter-relações setoriais e empresariais, será possível estimular ganhos de produtividade, inovações em produtos e serviços e novos negócios, que poderão criar emprego e renda para a economia local. O modelo da tríplice hélice, definido pela integração entre os setores privados, de governo e das universidades e entidades de fomento, é bem adequado para a abordagem estratégica da convergência setorial no que compete ao modelo ideal de governança.

Outro tema relevante a ser debatido transversalmente à estratégia da convergência setorial é o das plataformas verdes (economia sustentável), ferramentas que podem ajudar as empresas a atenderem às exigências legais ambientais e se projetarem em novos mercados nacionais e internacionais. As pessoas estão cada vez mais críticas e conscientes em relação aos impactos gerados pelas atividades econômicas e estão cada vez mais dispostas a pagar um preço diferenciado pela sustentabilidade. Seus filhos recebem informações nas escolas sobre a importância da sustentabilidade, o que vai criar toda uma geração de consumidores que levarão em consideração essa prática na sua experiência de consumo. Essa lógica pode utilizar a estratégia da integração, visto que, se uma empresa gera algum tipo de resíduo, esse resíduo poderá tornar-se matéria-prima ou ser aproveitado em outros setores econômicos. Essa é uma clássica visão de convergência setorial.

Fala-se também de economia inclusiva. E o que esse termo significa? Significa que, além de pensar em riqueza, emprego e renda, pensa-se em incluir parte da população que está fora da atividade econômica principal, tornando-a integrante do sistema produtivo. Os resultados econômicos de uma região em integração poderão repercutir nas comunidades pobres por meio da geração de renda e emprego nas empresas e nos demais setores integrados, contribuindo para o processo de inclusão social produtiva de parte da população excluída. Nesse contexto encontram-se também as minorias e as falhas de equidade de gênero, raça, idade e de oportunidades. Cabe lembrar que um dos propósitos da atividade empreendedora do futuro é criar, além do lucro, resultados econômicos e sociais para o seu entorno; dessa forma, a sociedade reconhecerá a importância do empreendimento e garantirá a sua longevidade.

Portanto, para relembrar a funcionalidade da abordagem da convergência setorial, é necessário praticar os diagramas de Venn já mencionados. Para isso, deve-se compreender a utilização de círculos sobrepostos ou outras formas de ilustrar as relações lógicas entre dois ou mais conjuntos de itens. Esses círculos servem para organizar graficamente as coisas, destacando como os itens são semelhantes e diferentes. Os diagramas de Venn, também chamados de diagramas de conjuntos ou diagramas lógicos, são amplamente usados em matemática, estatística, lógica, ensino, idiomas, ciência da computação e negócios. O primeiro contato de muitas pessoas com eles acontece na escola, ao estudar matemática ou lógica, uma vez que os diagramas de Venn se tornaram parte da "nova grade de matemática" desde a década de 1960. Eles podem ser simples diagramas que envolvem dois ou três conjuntos de alguns elementos, ou podem ser bastante sofisticados, incluindo apresentações em 3D, à medida que avançam para seis conjuntos ou mais. Eles são usados para refletir e descrever como os itens se relacionam uns com os outros dentro de um "universo" ou segmento específico.

Segue adiante um exemplo da utilização do diagrama de Venn como modelo de convergência setorial, em que se estabelece um setor ao centro como vetor do desenvolvimento econômico e social e suas possíveis integrações com outros setores econômicos, criando então oportunidades e inovações (Figura 2.2).

Como foi observado, para utilizar os conceitos e experiências sobre convergência setorial, é preciso pensar em soluções econômicas e sociais de forma mais integrada e sistematizada, de maneira a evitar a visão fragmentada e difusa. Isso não é fácil, visto que estamos preparados e educados para nos tornar especialistas. Essas especializações não deixam de ser importantes em razão da quantidade crescente de conhecimentos disponibilizados e que precisam ser dominados para sua plena utilização. No entanto, há a necessidade de incluirmos a visão sistêmica, "holística", em propostas de desenvolvimento e de formação, não negligenciando as especializações e determinadas temáticas.

O importante é saber que soluções específicas para problemas econômicos e sociais devem sempre levar em consideração o impacto no sistema. Uma solução específica pode ser tão eficiente para um problema que ela, ao final, pode desestabilizar ou destruir o todo, o sistema por completo, e, consequentemente, destruir também a questão específica de seu propósito original. Ou seja, ela pode não funcionar e ser, então, inadequada. Isso é o que a lógica da convergência procura evitar.

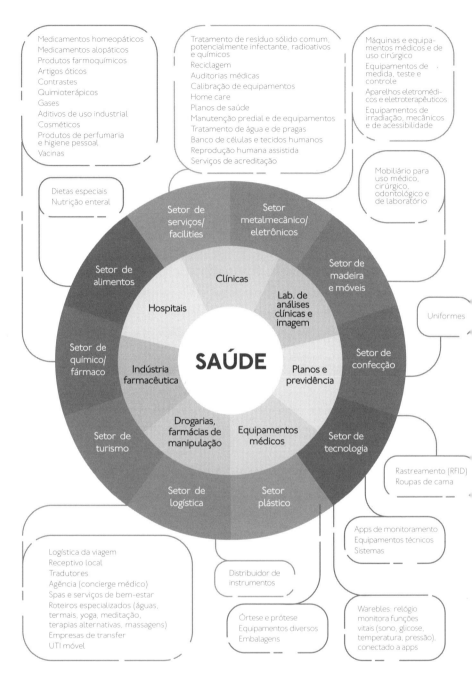

Figura 2.2 – Exemplo da utilização do diagrama da convergência para análise setorial/cadeia produtiva.

O crescimento exponencial da capacidade de processamento e armazenamento de dados oferecidos pelas novas tecnologias é uma revolução sem precedentes, e estes dados estão se tornando cada vez mais sofisticados e universalizados como resultado de sistemas mais inteligentes, amigáveis, acessíveis e simplificados. Portanto, é cada vez mais acessível utilizar o máximo de informações disponíveis para tomar uma decisão ou para criar novos produtos, serviços e integrar setores, de modo convergente.

A tendência é que esse processo fique ainda mais simples e viável. Essas questões colocam no foco a "convergência setorial" como lógica de pensamento e ação. Os impactos dessas evoluções tecnológicas são "transformadores" para a sociedade e para os modelos de negócios existentes. Muitos intelectuais encaram essas transformações como as ocorridas na Europa no período do Renascimento e da Revolução Francesa, que provocaram mudanças revolucionárias na sociedade. Logo, para promover o desenvolvimento, nesse contexto, é necessário apropriar-se desses novos conhecimentos, pensamentos e ferramentas tecnológicas com o intuito de incentivar novos modelos organizacionais e novas políticas econômicas, sociais e ambientais de forma integrada, colaborativa e compartilhada.

Estimular as inter-relações empresariais e desenvolver programas que fomentem a integração entre as cadeias de valor das empresas e os respectivos setores econômicos e cadeias produtivas poderão dinamizar os vínculos e negócios entre empresas e empreendedores de forma compartilhada e colaborativa. Haja vista que as novas tecnologias vêm facilitando esse processo, é possível afirmar que todos fazem parte de um mesmo sistema em que produtos e serviços têm a finalidade de facilitar e melhorar a vida das pessoas.

A lógica da convergência é a construção compartilhada de valor para a economia, em que as questões sociais, ambientais e econômicas andam juntas. Por conseguinte, ela tende a ser uma importante ferramenta utilizada para facilitar a criação de produtos, serviços e novos modelos de negócios, que poderão traduzir as necessidades e os desejos dos consumidores e de suas comunidades. Essa lógica também é uma poderosa estratégia de crescimento empresarial e de desenvolvimento setorial e local, sobretudo integrando empresas de todos os portes em modelos de encadeamentos produtivos entre grandes, médias e pequenas empresas em um território (Figura 2.3).

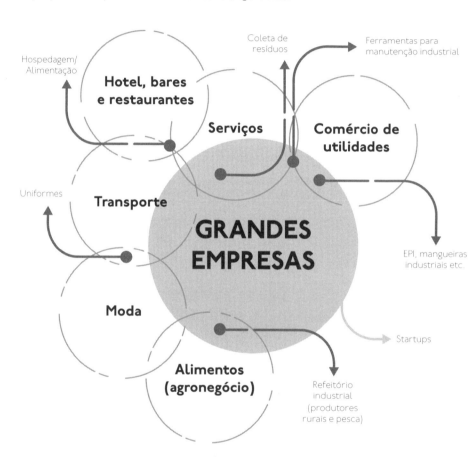

Figura 2.3 – Inter-relações entre grandes e pequenas empresas de diversos setores em um território de forma integrada e convergente.

É importante relembrar que cultura e tecnologia andam juntas e, na visão da convergência setorial, ambas facilitam o processo de inovação (Figura 2.4). Essa abordagem poderá estimular a utilização dos recursos disponíveis em sociedade, transformando-os em ativos econômicos que dinamizarão os negócios via novas empresas, emprego e renda. Contudo, são necessárias muita criatividade e inovação para que isso se transforme em ativos econômicos. Assim, torna-se significativo promover mudanças no paradigma, no mapa mental das pessoas e no *mindset* dos atores econômicos e sociais envolvidos no processo.

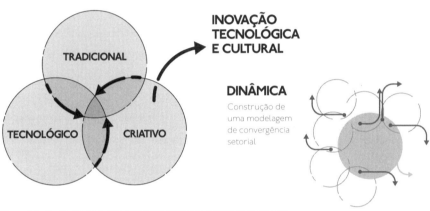

Figura 2.4 – Teoria dos conjuntos para modelagem pela convergência setorial.

2 Sistema de inovação e inovação aberta

A inovação aberta cria valor na cadeia produtiva entre grandes e pequenas empresas. Cabe lembrar que a inovação pode ser um monopólio de curto prazo.

A inovação tem como objetivo a melhoria de um produto e serviço ou a criação de novos, incluindo processos, marketing e modelos de negócios que sejam aceitos pelo mercado. A geração contínua de inovação é o que garante a sustentabilidade de uma empresa. Com a inovação é possível manter ou conquistar mercados no curto, médio e longo prazos. A inovação é a base da competitividade e do empreendedorismo.

De maneira simplificada, existem três tipos de inovação e todos são importantes para a sustentabilidade de uma organização. A primeira classificação é a incremental, que normalmente emprega tecnologias existentes ou ideias para integrar ao negócio, melhorando a produtividade, os serviços, produtos e o modelo de negócio. A segunda classificação é a inovação radical, que é a captura de oportunidade por meio de uma nova forma de fazer, um novo método, ou fazer alguma coisa com maior eficiência e qualidade, porém não pensada anteriormente, ou seja, uma nova forma de fazer e desenvolver um produto ou serviço não pensado.

O terceiro tipo de inovação é o de ruptura, ou inovação disruptiva, que necessita de uma nova tecnologia, uma ideia inédita, um novo modelo de negócio que impacta e transforma todo um setor, uma singularidade. É interessante lembrar que a inovação pode ser, em alguns casos, considerada um monopólio de curto prazo, haja vista o potencial de ser copiada rapidamente pelos concorrentes. As inovações incrementais são mais fáceis de reproduzir em comparação com as inovações de ruptura. O importante para o empreendedor é estar sempre inovando.

A competitividade é a capacidade de uma empresa ou organização manter ou ampliar mercados, estabelecendo estratégias para fazer frente à concorrência e à necessidade de seu público-alvo. Para isso, a inovação deve fazer parte de todas as estratégias competitivas organizacionais, buscando a sustentabilidade pela redução de custos, diferenciação ou nicho de mercado, e garantindo a existência do empreendimento no longo prazo.

Alguns atributos da competitividade devem ser acrescentados ao processo de inovação, visando gerar soluções que promovam um novo produto ou serviço que atenda às necessidades e expectativas dos consumidores e até as supere. Também no contexto de inovação, é importante procurar maior eficiência na produção, compra e entrega do produto e sua assistência técnica, além de melhorias ou saltos de produtividade. Isso se dá tanto pelo aumento da velocidade dos processos,

rapidez de entrega, qualidade, conformidade e redução de desperdícios e melhor aproveitamento dos recursos quanto pelas estratégias de comunicação, marketing e de economia circular.

Nesse contexto, principalmente por causa da grande velocidade das mudanças, o processo de inovação fora da organização assume um papel decisivo. Quer dizer, muitas inovações serão desenvolvidas fora das empresas por meio do potencial criativo externo e do ecossistema de inovação; depois, elas serão incorporadas à empresa via parcerias, relações de fornecimento ou aquisições. Esse processo se chama inovação aberta. É uma grande oportunidade de geração de valor pela integração entre grandes empresas e o ecossistema de inovação, com destaque para as pequenas empresas (startups). Mostra-se como um processo de encadeamento produtivo tecnológico de maneira colaborativa, realizado mediante o poder de compras e liderança das grandes empresas. Estas colocam desafios com o objetivo de melhorar suas operações, seus produtos ou serviços, em parceria com médias e pequenas empresas ou startups, que são ágeis na criação e no desenvolvimento de inovações. Essas pequenas empresas, porém, não têm recursos e muitas vezes não conseguem mapear as demandas de mercado.

A definição de inovação aberta ou open innovation foi criada por Henry Chesbrough, (no livro *Open innovation: the new imperative for creating and profiting from technology*). Conforme Chesbrough, inovação aberta é a utilização de conhecimentos internos e externos à empresa a fim de acelerar a inovação no negócio.

A inovação aberta é uma lógica segundo a qual as empresas devem usar ideias externas, bem como ideias internas, e atender ou superar as necessidades e expectativas do mercado. O conceito surgiu como um contraponto ao modelo conservador das empresas, em que o departamento interno de pesquisa e desenvolvimento (P&D) era o único responsável pela criação de novos produtos e serviços, evitando o seu compartilhamento e promovendo extremo sigilo, com receio de evitar possíveis espionagens e cópias.

O processo de inovação aberta leva em consideração que os conhecimentos estão amplamente diluídos e distribuídos, sendo muito difícil tê-los dentro das fronteiras da organização. Em suma, até os mais avançados departamentos de pesquisa e desenvolvimento, como os empreendedores inovadores e os maiores talentos do mundo devem conectar-se com fontes de conhecimentos externas, visando desenvolver as suas inovações.

Em conclusão, podemos ver que a parceria entre grandes e pequenas empresas, juntamente a institutos de pesquisa, pode promover o desenvolvimento de inovações sobre demanda dos desafios das grandes empresas e em parceria com centros tecnológicos e startups. Essa é uma maneira pragmática de geração de valor para todos os envolvidos: juntar oferta, demanda, requisitos e capacidade tecnológica, laboral e inventiva de forma coordenada. É um exemplo prático do potencial da inovação aberta e de formação de um saudável ecossistema de inovação (Figura 2.5).

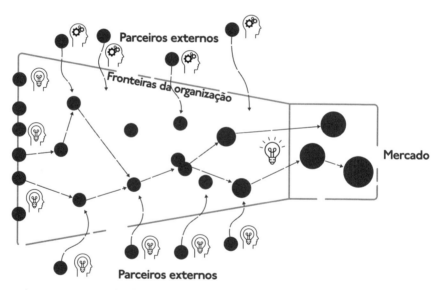

(startups, mercado alternativo, novos mercados, novas tecnologias)

Figura 2.5 – Fluxo da inovação aberta.

Uma das bases do sistema de inovação é o aprendizado interativo, alicerçado pelo conhecimento e pela difusão de informações entre os atores empresariais e institucionais que fazem parte do sistema econômico e social. A proximidade física entre esses elementos contribui para a geração de "externalidades positivas", muitas vezes de forma espontânea, que promovem a inovação e sua difusão no ambiente do território. Tais "externalidades" são geradas pelas trocas provocadas por estar próximo, por dividir alguma infraestrutura, por utilizar mão de obra, serviços e fornecedores comuns ao ambiente, por se comparar e imitar, o que seria difícil acontecer caso a empresa estivesse em um local isolado, física ou digitalmente.

Essa é uma importante constatação e se enquadra na conceituação de autores do tema, que abordam o sistema de inovação como um processo de aprendizado interativo, que tem o conhecimento como recurso e o aprendizado como processo fundamental em uma estrutura social e econômica. A visão linear tradicional da inovação é definida como a mudança tecnológica advinda inicialmente da pesquisa e do desenvolvimento, em seguida do processo de inovação e difusão da tecnologia, culminando no desenvolvimento de novos produtos, serviços e novos processos de incremento da produtividade. A visão funciona muito bem em setores nos quais a tecnologia é predominantemente originária da ciência básica e em seguida aplicada, não podendo ser generalizada.

A visão linear não é o único meio de geração de inovação. Logo, a tecnologia também pode ser desenvolvida fora das estruturas formais de pesquisa e desenvolvimento, por meio do aprendizado na hora do fazer, do usar e da interação entre usuários e fornecedores, a qual ocorre principalmente quando se está diante de um problema ou um desafio a ser transpassado, ou seja, quando existe uma necessidade efetiva, uma ameaça ou oportunidade como "pano de fundo". Essa lógica da inovação funciona mais adequadamente na busca de melhorias incrementais nas empresas, o que não impede o aparecimento de inovações radicais e de ruptura no processo.

Pode-se, então, sugerir que um eficiente sistema de inovação considere fundamentais os mecanismos de difusão e realização de atividades de acesso a informação, tecnologia, cultura, capacitação, planejamento e negócios, de forma coletiva. O sistema deve ainda incentivar ao máximo a participação dos atores institucionais e empresariais em ações conjuntas, sempre trazendo novos desafios para a competitividade e sustentabilidade empresarial e do sistema produtivo.

Assim, pode-se refletir que o modelo tradicional de busca da inovação e a abordagem pela interação entre empresas, por meio de ações coletivas, não são antagônicos, e sim convergentes e complementares. Cabe lembrar que a inovação tem como parâmetro a aceitação ou adequação de um processo, produto ou serviço pelo mercado. Sem esse parâmetro, não é considerada uma inovação, mas uma invenção. Em alguns casos, a inovação é considerada um monopólio de curto prazo, visto que cria singularidade e faz diferença para as empresas. Todavia, poderá rapidamente ser copiada, necessitando de velocidade a fim de manter a dinâmica sustentável e efetiva para o desenvolvimento das empresas, organizações e, consequentemente, para a sociedade em que estejam inseridas.

Para concluir, inovação, conforme o Manual de Oslo, é definida como a introdução de um produto ou serviço novo, significativamente melhorado no que se refere a características ou usos previstos, ou à implantação de métodos ou processos de produção, distribuição, venda, marketing ou estruturas organizacionais novas ou melhoradas. Esse é um conceito simples que pode fazer toda a diferença para o sucesso de uma organização, das empresas e da sociedade, daí a sua importância para a busca do desenvolvimento econômico e social de uma região.

3 Formação de redes empresariais

Os diálogos convergentes são uma forma de desenvolver estratégias encadeadas entre empresas de todos os portes.

O diálogo e a integração se apresentam como o caminho mais eficiente para o desenvolvimento dos modelos de gestão, tanto no setor privado quanto no público, com suas estratégias. Seu objetivo é atender às crescentes necessidades e aos desejos das empresas, dos consumidores, governos e da população, garantindo a sustentabilidade econômica, social e ambiental do sistema produtivo, em uma visão de valor compartilhado, colaborativo e sustentável. Isso tudo no contexto do advento das novas tecnologias que estão revolucionando os padrões de consumo e produção.

Nessa conjuntura, percebe-se a necessidade de novos olhares, novas formas de pensar, agir e interagir, o que requer mudanças de paradigmas (*mindset*) – na verdade, novas formas de ver o mundo. Isso propiciará o surgimento de soluções criativas e inovadoras, que podem resolver os atuais e futuros problemas econômicos e sociais.

O debate sobre convergência setorial se apresenta para contribuir com reflexões sobre as possibilidades de estímulo à inovação, dinamizando a economia por meio de uma visão mais sistêmica e integrada, otimizando e unindo esforços pela intersetorialidade nas cadeias produtivas. Seu propósito é criar encadeamentos produtivos que promovam o adensamento das atividades econômicas nos territórios (polos/clusters) e revertam em ganhos para as empresas e para a sociedade, com auxílio das externalidades positivas criadas nas economias de aglomeração, que funcionam como redes empresariais, institucionais e de conhecimento, de modo físico e virtual.

O termo convergência setorial promove o pensamento integrador e sistêmico nas formas de planejar, organizar, coordenar, executar, gerir e obter resultados por intermédio de metas compartilhadas. Isso ocorre com a promoção das inter-relações entre todos

os agentes que fazem parte de um sistema produtivo e social, evitando a atuação fragmentada. Essa integração dinamiza o networking, que são redes de relacionamento, em busca de resultados positivos para todos os participantes do sistema.

As redes podem ser consideradas uma poderosa estratégia de negócio e de desenvolvimento econômico e social, principalmente após o advento das novas tecnologias digitais e de inteligência artificial, com inúmeras plataformas corporativas e sociais, tudo em uma economia cada vez mais compartilhada, colaborativa e circular.

A abordagem sistêmica em redes e não fragmentada fortalece os empreendimentos e suas organizações, integrando os recursos e seus ativos econômicos e sociais, gerando produtividade e inovação. Essa visão genuína e singular sobre redes empresariais pode ser uma importante ferramenta de política pública e modelo de gestão. Isso tudo com o objetivo de obter melhores resultados e contribuições para a construção de um Brasil mais justo, igualitário e desenvolvido.

2.4 Integração entre comércio, serviço e a indústria: encadeamentos produtivos e ESG

O encadeamento produtivo é uma estratégia de redes formais e informais de desenvolvimento econômico e social, que procura integrar todos os elos da cadeia produtiva.

A estratégia do encadeamento produtivo é promover a inserção competitiva de micro, pequenas e médias empresas ao longo das cadeias produtivas de grandes empresas nacionais e internacionais. O encadeamento produtivo ocorre com o uso do poder de compras, que visa à formação de negócios, aproximando oferta e demanda, capacitando e desenvolvendo fornecedores locais – principalmente de pequeno porte –, estimulando a geração de emprego e renda ao redor das instalações das grandes empresas, proporcionando o aumento da dinâmica econômica no território, gerando ganhos sociais pelo aumento das oportunidades de negócios e da renda local. Essa estratégia, que também serve para as empresas públicas e para as compras governamentais, tem o intuito de gerar desenvolvimento de empresas locais e ganhos de emprego e renda.

É possível observar que essa estratégia promove o valor compartilhado, mediante o relacionamento entre empresas de diferentes portes. E tal encadeamento é responsável por integrar grandes, médias e pequenas empresas, otimizar recursos, melhorar a produtividade e reduzir os impactos no meio ambiente, em consequência da menor distância de movimentação de produtos e serviços. Além do mais, reduz a pegada de carbono pela menor utilização de energia, ocasionada pela proximidade no transporte.

A estratégia de capacitar e desenvolver fornecedores locais, utilizando o poder de compras das grandes empresas privadas e públicas, é uma ferramenta poderosa de desenvolvimento, que visa à melhoria da gestão, da tecnologia, da qualidade, da produtividade e inovação dos sistemas produtivos locais e de suas cadeias produtivas. Isso se torna possível pela disseminação e integração de informações e conhecimentos, além da otimização de recursos advindos da integração e convergência dos ativos setoriais da indústria, do comércio, dos serviços e da agricultura/pesca, que, com essa integração, passam a interagir no âmbito regional e local de forma complementar e não fragmentada. É legítima a construção de uma política de desenvolvimento econômico e social, que faz uso do poder de compras do mercado como indutor da qualidade e produtividade nas cadeias produtivas, tendo em vista as compras locais, por meio do desenvolvimento de fornecedores competitivos, consequentemente gerando emprego e renda para a população. Alguns países, a exemplo da China, chegam a vincular os seus investimentos no exterior à utilização de fornecedores e trabalhadores chineses, como estratégia competitiva e adensamento de suas cadeias produtivas, com o fomento ao encadeamento produtivo entre suas empresas e os trabalhadores chineses.

A lógica do encadeamento produtivo adota os conceitos do valor compartilhado, segundo o qual o interesse econômico é complementar ao interesse social, justificando a sua sustentabilidade pela necessidade e utilidade para a população. Então, o valor compartilhado é uma abordagem de geração de valor econômico por intermédio da criação simultânea de valor também para a sociedade, conectando o sucesso empresarial ao progresso social. Esse modelo convergente pode ser um desafio e um estímulo para muitas inovações, uma vez que converte produtos, serviços e novos modelos de negócios em soluções rentáveis e sustentáveis, que poderão fazer a diferença para o sistema econômico e social. A lógica do encadeamento produtivo é uma importante estratégia a ser observada por atuais e novos empreendedores, e também por gestores públicos que desejam buscar o desenvolvimento econômico e social de suas regiões.

O encadeamento produtivo é uma estratégia engenhosa para os negócios e seus empreendedores, que promove o aumento da qualidade, produtividade e da competitividade, assim como é capaz de estimular o desenvolvimento econômico e social do país, integrando os territórios às cadeias produtivas nacionais e internacionais. Essa estratégia é uma poderosa ferramenta de política de desenvolvimento econômico e social, tendo em vista o tamanho do mercado interno brasileiro. Se utilizada estrategicamente, será capaz de alavancar muitos negócios e empregos no Brasil, tendo como "pano de fundo" o aumento da produtividade e da competitividade, impreterivelmente. Muitos países, como Os Estados Unidos, a China, o Japão e os países europeus, por exemplo, já se utilizam dessa estratégia faz muito tempo.

Nessa lógica de atuação em redes e fomento ao encadeamento produtivo, que valoriza a produção local, é possível acrescentar transversalmente os conceitos de ESG (Environmental, Social and Governance) – sigla em inglês que significa cuidados ambientais, responsabilidade social e boa governança. O encadeamento produtivo entre grandes, médias e pequenas empresas, que estimula a compra local e a geração de emprego e renda, propicia ganhos ambientais pela compra de proximidade.

Esta reduz a emissão de carbono em razão de uma menor distância de transporte, assim como impacta o desenvolvimento social com a criação de empregos e renda no território, demonstrando responsabilidade social e preocupação com o seu entorno. Além de tudo, faz uma boa gestão (governança) sobretudo de suprimentos, por maior transparência, redução do tempo, promovendo ganhos pela proximidade e melhor gestão de fornecedores, evitando rupturas na cadeia produtiva por faltas externas, e segue a gestão de compliance (conformidade com as leis).

As exigências de ESG estão cada vez maiores, acima de tudo para empresas que têm ações na bolsa, visto que determinados fundos de investimentos no mundo só farão investimentos em empresas que pratiquem a ESG em suas instalações e na cadeia de suprimentos. Isso aconteceu por causa de inúmeros escândalos ambientais, sociais e de corrupção que fizeram determinadas empresas, as quais experimentaram alguns desses problemas, perderem grandes valores nas bolsas, criando enormes prejuízos para os investidores. Portanto, para reduzir os riscos de perda nas bolsas de valores e o aparecimento de enormes passivos, muitos fundos só investem em empresas que demonstrarem a sua gestão da ESG.

2.4.1 O COMÉRCIO COMO ESTRATÉGIA DE ENCADEAMENTO PRODUTIVO

Nesse contexto, o setor de comércio se apresenta como potencial instrumento de política de desenvolvimento econômico e social. Isso ocorre por meio do poder de compras que o varejo, de maneira organizada, consegue exercer nas cadeias produtivas brasileiras, com vistas a desenvolver, principalmente, os polos industriais e os arranjos produtivos locais (clusters) estratégicos para o país. Essa cooperação entre comércio, indústria, agricultura e pesca na cadeia produtiva, de forma vertical ou horizontal, poderá ser um grande instrumento de política de desenvolvimento regional. Em vista disso, o setor de comércio varejista talvez se torne um poderoso instrumento de promoção dos setores produtivos brasileiros e, consequentemente, contribua com uma efetiva ferramenta de desenvolvimento econômico e social.

No Brasil, existem potenciais conectividades com os setores produtivos e o varejista, o que poderá promover uma maior aproximação entre os produtores e os consumidores. Essa maior aproximação entre comércio e setor produtivo poderá fazer com que o setor de comércio traduza as efetivas demandas e necessidades dos consumidores, a fim de que os setores produtivos responsáveis pelos produtos finais (B2C) obtenham mais informações de inteligência de mercado; isso cabe tanto para a comercialização no ambiente físico quanto no digital. Assim, o setor produtivo passa a ter informações estratégicas para o desenvolvimento de novos produtos e serviços, criando, então, novas oportunidades de negócios, adequando os seus produtos e serviços às necessidades dos clientes e promovendo o processo de customização. Essa inter-relação provoca um círculo virtuoso de fluxo permanente de produto, serviços e informação ao longo das cadeias produtivas, gerando benefício para todos os envolvidos.

Os ganhos inerentes à estratégia de desenvolvimento competitivo por meio das inter-relações entre empresas do setor de comércio e empresas do setor produtivo podem repercutir positivamente no consumidor final, de forma sistêmica. Isso se dá graças a produtos melhores, mais adequados às necessidades, e à contribuição para a formação de uma consciência de "compra cidadã", que sensibilize o consumidor sobre sua atitude no processo de compras como importante instrumento de desenvolvimento econômico e social para com a sua comunidade. No caso dos comerciantes, estes aproveitam a aproximação com o setor produtivo e melhoram as relações e os modelos de negócios, a confiança, reduzem riscos e custos, e comercializam produtos e serviços com melhor aceitação de mercado, repercutindo no aumento das vendas e na rentabilidade do negócio. Os industriais e os produtores rurais passam a ver o lojista como importante parceiro estratégico para desenvolvimento e distribuição dos seus produtos e serviços, funcionando como um observatório de mercado e de inteligência competitiva para distribuir produtos locais.

Essa abordagem pode contribuir para o desenvolvimento de encadeamentos produtivos e respectivos polos e arranjos produtivos brasileiros, facilitando a identificação dos potenciais elos econômicos ausentes na cadeia de valor como oportunidade para o desenvolvimento ou a atração de novas empresas. Isso talvez seja possível com a construção de uma sólida relação entre o comércio e o setor produtivo, a qual reduzirá os custos e riscos dos negócios. A estratégia proposta consiste em utilizar o poder de compras do varejo como instrumento de estímulo à realização de negócios, cooperação empresarial e melhoria da qualidade dos produtos e serviços entre os principais centros comerciais do Brasil e os setores e polos industriais prioritários para a economia regional.

Iniciativas de acesso a mercado e promoção de networking entre empresas – em virtude de sessões e rodadas de negócios, feiras empresariais, fomento aos centros especializados de comércio, estímulo às câmaras de comércio e desenvolvimento do marketing territorial (IG) – sintetizam de maneira pragmática o que pode ser feito para a construção de redes de relações entre comércio, serviço e setor produtivo. Essa lógica pode funcionar para aproximar os mais importantes elos da cadeia produtiva, transformando-se em estratégia de promoção e fomento ao comércio, aos produtos e serviços produzidos em uma região – exemplo "Made in Rio" –, incentivando a criação de marcas regionais de visibilidade nacional e internacional. Além disso, é capaz de proporcionar maior "escalabilidade" ao setor produtivo, transformando a região, por intermédio da convergência setorial, em um polo comercial, produtivo e turístico, com produtos regionais singulares.

As iniciativas de cooperação entre comércio, serviço e setor produtivo são um grande passo a ser tomado pelos gestores responsáveis pelas políticas de desenvolvimento e pelos empreendedores. Com isso, eles buscam a consolidação de políticas industriais, comerciais e tecnológicas mais eficientes cujo potencial seja posicionar o mercado consumidor como importante instrumento de desenvolvimento socioeconômico e de geração de emprego e renda. Essa abordagem pode ser vista como estratégia de competitividade empresarial ante a crescente concorrência internacional, facilitando o processo de nacionalização e valorização da produção e comercialização local. Como podemos concluir, a convergência entre setores no território é uma ferramenta poderosa de desenvolvimento econômico e social, que otimiza os ativos existentes e cria inovações pela interação, assim como cria uma rede de empresas locais que trabalham de forma complementar, por meio de reputação e especializações singulares que geram interesse do público consumidor.

2.5 Cadeias produtivas e suas redes e clusters, polos ou arranjos produtivos locais

Redes de cooperação produtiva podem criar valor compartilhado e colaborativo, sendo um caminho para a nova economia.

Os principais conceitos referentes ao processo de formação de redes de cooperação produtiva, partindo-se da ideia de alianças estratégicas, apresentam tipologias específicas, destacando-se os conceitos de complexos industriais, organizações virtuais, parques tecnológicos, incubadoras de empresas e os clusters[3] regionais como formas específicas de cooperação.[4]

Inúmeras empresas e pessoas organizam-se em diferentes arranjos empresariais, associações e cooperativas para buscar maior eficiência coletiva e ganhos por aglomeração. As estratégias e as competências de cada empresa e pessoas são diretamente ligadas às suas relações com o mercado e com outras empresas e pessoas.

A cooperação empresarial possibilita o atendimento às necessidades das empresas, principalmente as de menor porte, que dificilmente conseguiriam trabalhar de maneira competitiva isoladamente, haja vista os ganhos gerados por:

---

[3] Neste trabalho, as palavras cluster e arranjo produtivo são utilizadas com o mesmo sentido. Na maior parte do texto, será utilizada a denominação de arranjo produtivo e só será mantida a palavra cluster quando da citação do autor.

[4] Neto, João Amato. *Redes de cooperação produtiva: antecedentes, panorama atual e contribuições para uma política industrial.* 1999. 236 p. Tese (requisito à obtenção do título de professor livre-docente) – Departamento de Engenharia de Produção da Escola Politécnica da Universidade de São Paulo, São Paulo).

- combinar competências;
- dividir o ônus de realizar pesquisas tecnológicas ou acessar novas tecnologias;
- exercer maior pressão no mercado;
- aumentar a capacidade de fornecimento de produtos e serviços;
- compartilhar recursos;
- fortalecer o poder de compra;
- minimizar riscos (diluí-los);
- acessar crédito;
- melhorar o poder de barganha, seja como cliente, seja como fornecedor;
- aumentar a força para penetração em mercados internacionais.

Do ponto de vista mais específico, das grandes empresas inseridas em arranjos empresariais, podem também ser citados alguns benefícios importantes, tais como:

- otimização das atividades por meio da terceirização;
- redução de custos fixos;
- redução das não conformidades;
- redução dos custos globais de fornecimento;
- maior confiabilidade no fornecimento;
- maior velocidade de resposta;
- utilização da capacidade produtiva local (otimizar investimentos);
- flexibilização da produção;
- soluções conjuntas;
- personalização dos produtos e serviços (maior flexibilidade);
- maior envolvimento com a comunidade local;

- **aproveitamento de especialidades externas;**
- **redução de custos ambientais (menor emissão de CO2 por compras de proximidade).**

Existem muitos tipos de relacionamento entre empresas que vêm sendo cada vez mais adotados no cenário de competição globalizada. Definem-se tais relações como alianças estratégicas; entre estas, destacamos alguns tipos mais comuns, que são: aliança multiorganizacional de serviços ou consórcios, pela qual as empresas, geralmente de um mesmo setor, se unem na criação de uma nova entidade para preencher as necessidades do conjunto; aliança oportunista ou *joint-venture*, pela qual as empresas constituem um novo negócio ou ampliam um já existente; e aliança de parceria, pela qual há um envolvimento de vários parceiros no processo de negócio, em seus diferentes estágios, que se unem em busca de um objetivo em comum.

Um tipo de organização de cooperação empresarial que vem se difundindo no cenário mundial é a formação de redes entre empresas, que se constitui em uma relação de interdependência de sistemas complementares (produção, pesquisa, engenharia e marketing) para fortalecer as atividades de cada um dos participantes, em vez de agregá-los em uma única empresa. As empresas, quando atuam em rede, podem complementar-se tanto em aspectos técnicos, tecnológicos e produtivos como em aspectos mercadológicos. É comum a uma rede de empresas ter por objetivo, também, a criação de uma central de compras, para aumentar o poder de barganha do grupo perante os fornecedores. Devem ser observadas, no entanto, as questões tributárias passíveis de dificultar o processo de formação de redes.

A formação de uma rede empresarial trata-se, portanto, de uma associação por afinidade, que pode ser formal (existência de um contrato) ou informal, na qual cada empresa permanece responsável pelo próprio desenvolvimento.

Existem várias tipologias de redes empresariais, uma delas criada por Grandori e Soda. De acordo com essa tipologia, as redes de empresas podem ser: sociais, cuja característica principal é a informalidade nas relações entre as empresas; burocráticas, caracterizadas pela existência de um contrato formal que regula as condições de relacionamento entre os membros; ou proprietárias, que se caracterizam pela formalização de acordos relativos ao direito de propriedade entre os acionistas de empresas. Os três tipos de redes citados podem ser classificados em simétricos, quando não existe a centralização de poder entre os participantes, ou em assimétricos, quando existe um agente central que coordena os contratos e relações existentes entre as empresas e as organizações que participam da rede. Essa lógica de redes também se aplica a inúmeras plataformas digitais, sejam sociais, sejam corporativas.

Por outro lado, Santos classifica duas variedades de redes de cooperação interempresariais:

Redes verticais ou top-down – nos casos de relações de cooperação entre empresas de diferentes elos de uma cadeia produtiva. Essa variedade de cooperação vertical ocorre principalmente em casos em que o produto final é composto de um grande número de componentes e passa por vários estágios ao longo do processo de produção. Essa rede geralmente apresenta uma grande empresa na sua liderança, chamada empresa âncora ou empresa-mãe (Figura 2.6).

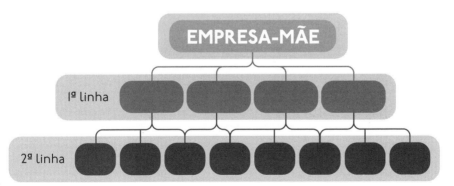

Figura 2.6 – Rede top-down.

Redes horizontais ou flexíveis – nos casos em que a cooperação se dá entre empresas que produzem produtos similares, pertencentes a um mesmo setor ou ramo de atuação. Essa variedade de rede é mais complexa por se tratar de relacionamento entre concorrentes diretos e indiretos. E ela ocorre principalmente quando as empresas isoladas enfrentam dificuldades e identificam as possibilidades trazidas pela cooperação interempresarial (Figura 2.7).

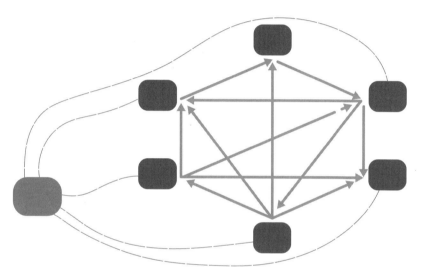

Figura 2.7 – Rede flexível.

Os clusters ou arranjos produtivos locais se enquadram como uma rede compreendida pelas concentrações setorial e geográfica de empresas. Eles podem ter internamente vários tipos de configurações de redes empresariais e institucionais (incluindo as universidades) e podem ser tanto horizontais quanto verticais. Os clusters setoriais estão inseridos em uma cadeia produtiva, apresentando forte interação entre empresas e instituições a jusante e a montante nessa cadeia de valor. Alguns atributos referentes aos clusters foram identificados e estão descritos na Tabela 2.1, desenvolvida em minha tese de mestrado (2004).

Tabela 2.1 – Correspondência entre os fatores facilitadores (Humphrey e Schmitz, 1998[5]) e os atributos de um cluster ou arranjos produtivos locais

FATORES FACILITADORES	ATRIBUTOS IDENTIFICADOS (FACILITADORES)
AGLOMERADO PRODUTIVO	**Concentração de empresas:** de uma mesma atividade econômica (especialização) ou complementar, em uma região delimitada, baseada em pequenas e médias unidades de produção.
DIVISÃO DO TRABALHO	**Estrutura de produção baseada em fileiras produtivas:** com grande especialização por fase de produção – nível elevado de divisão de trabalho e complementação no território.
ESPECIALIZAÇÃO E FLEXIBILIDADE PRODUTIVA	**Flexibilização[6] produtiva:** entre as empresas do distrito ou da localidade, complementando e otimizando a estrutura de produção, marketing e comercialização.
SURGIMENTO DE FORNECEDORES DE MATÉRIA-PRIMA	**Cadeia produtiva adensada:** com a presença de setores complementares e correlatos em um território, a exemplo da indústria e de serviços diretos ou de suporte e comercialização.
SURGIMENTO DE FORNECEDORES DE EQUIPAMENTOS E COMPONENTES	**Cadeia produtiva adensada:** com a presença de setores complementares e correlatos em um território, a exemplo da indústria de bens de capital e serviços de manutenção.

---

[5] Humphrey, J.; Schmitz, H. *Trust and inter-firm relations in developing and transition economies*, Reino Unido: IDS, university of Sussex, 1998.

[6] Flexibilização produtiva: de processo e de produto.

SURGIMENTO DE PRESTADORES DE SERVIÇOS TÉCNICOS, SERVIÇOS DE P&D E ASSESSORIA TECNOLÓGICA	**Capacidade de oferta de serviços (treinamento,* laboratórios, consultoria, P&D):** organizados, em muitos casos, como centros especializados, que podem ser: horizontais (prestam serviços para empresas de diversos setores) ou verticais (prestam serviços para empresas de um mesmo setor econômico ou cadeia produtiva) – massa crítica de serviços comunitários. **Capacidade inovativa:** acesso e difusão tecnológica no ambiente do território – destaque para o design. *presença de suporte tecnológico e de inovação
SURGIMENTO DE AGENTES PARA A NEGOCIAÇÃO DOS PRODUTOS NOS MERCADOS NACIONAL E INTERNACIONAL	**Conexão com mercados nacionais e internacionais** **Capacidade de comercialização e de logística local** **Presença expressiva de algumas empresas líderes, ditas "capofilas" no modelo italiano:** empresas líderes com liderança difusa/democrática e com capacidade de conexão entre o mercado internacional e a estrutura produtiva local (conhecimento do território) – liderança democrática – não hierárquica. **Presença de câmaras de comércio e outros atores de comercialização no ambiente do distrito (consórcios, traders, profissionais especializados e representantes). E também consumo local pelo fomento ao turismo e consumo pela população.**

SURGIMENTO DE PRESTADORES DE SERVIÇOS FINANCEIROS E CONTÁBEIS	**Capacidade de garantia de financiamento local:** bancos locais, cooperativas e consórcios.
FORMAÇÃO DE MÃO DE OBRA QUALIFICADA E COM HABILIDADES ESPECÍFICAS	**Disponibilidade de mão de obra especializada:** existência de universidades, de escolas técnicas, cursos profissionalizantes e de artesanato. **Capacitação empreendedora:** estímulo, cursos e formação locais.
FORMAÇÃO DE ASSOCIAÇÕES VOLTADAS À REALIZAÇÃO DE TAREFAS ESPECÍFICAS PARA O CONJUNTO DE SEUS MEMBROS	**Capacidade associativa:** inter-relações empresariais, consórcios, cooperativas e associações.
	Difusão de informação e conhecimento: em níveis verticais e horizontais no ambiente territorial.
	Capacidade empreendedora: grande estima social para se tornar um empreendedor.
	Expressivo marketing territorial: imagem local por meio da criação de reputação e singularidades. Programas de incentivo às indicações geográficas.

Forte institucionalidade local:
formal e informal – visibilidade e peso político do distrito ou local – lobby.

Sinergia entre social/cultural e a atividade econômica predominante

Alto capital social

Competição entre as empresas no território (cooperação *versus* competição)

Confiança no ambiente de negócio

Fonte: Elaborado com base nos fatores facilitadores de Schmitz e Humphrey, de dados primários fornecidos por Luciano Consolati, Paolo Gurisatti, Giuliano Simonelli, Visconti e Gioacchino Garofoli (distritos industriais italianos) – Projeto BID/Sebrae de dinamização de clusters (2004).

No ambiente dos clusters ou arranjos produtivos locais, os atributos referenciados na Tabela 2.1 relacionam-se de forma sistêmica e sinérgica, gerando externalidades positivas; assim, proporcionam um ambiente que possibilita a pequenas e médias empresas se tornarem competitivas em nível mundial. Os atributos apresentados respondem, em parte, pelo sucesso dos clusters, visto que alguns outros (atributos tácitos) não podem ser codificados e estão presentes nas pessoas e no conhecimento coletivo pertencente ao território.

Um importante aspecto dos clusters, como se pode ressaltar, é que a aproximação das empresas propicia a troca de informações mais densa e rápida, tanto entre as empresas quanto das empresas com organizações locais, como universidades e outras instituições de ensino, apoio técnico e fomento, transformando a localidade em um verdadeiro sistema produtivo local. Deve-se salientar que esse processo, muitas vezes, não ocorre espontaneamente, sendo necessários processos de dinamização para fazê-lo ocorrer.

Como observado na Tabela 2.1, alguns atributos estão diretamente relacionados com os fatores facilitadores de benefícios para os aglomerados produtivos; outros não têm relação direta e foram identificados no modelo dos distritos industriais italianos (clusters) localizados nas regiões norte e noroeste daquele país. Pode-se afirmar então que tais atributos são fatores facilitadores de benefícios para os clusters, de modo geral, e favorecem, direta ou indiretamente, a otimização dessas estruturas produtivas locais, estando diretamente relacionados às questões de competitividade no território. Observa-se também que os atributos apresentados simplificam, sintetizam e sistematizam a teoria tema dos clusters, e sua dinamização se faz por intermédio de programas e projetos integrados (Figura 2.8).

Assim, conclui-se que, para a análise voltada para a dinamização dos clusters, podem ser utilizados os atributos identificados no modelo apresentado na Tabela 2.1 como referência para a otimização dos recursos existentes em um território, servindo de modelo para a estruturação produtiva local. Ao analisar uma região, tomando esses atributos como referência e, também, por meio de exemplos de experiências de desenvolvimento sobre os clusters ao redor do mundo, é possível estabelecer uma eficiente estratégia de dinamização do setor e território a ser trabalhado e sua vinculação em cadeias produtivas.

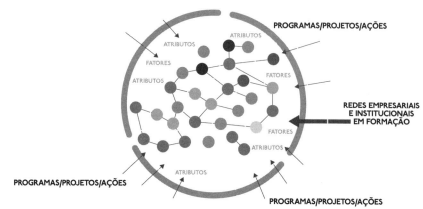

Figura 2.8 – Processo de dinamização de territórios/clusters.

Uma cadeia produtiva, ou cadeia de suprimentos, pode ser definida como um sistema formado por agentes tomadores de decisão envolvidos em um processo interdependente, por meio de um fluxo de produtos e serviços em uma direção e informações em direção oposta. É composta de fornecedores de matérias-primas, passando pelos transformadores, distribuidores, comerciantes, até os consumidores finais. Os arranjos produtivos ou clusters não necessariamente contêm toda uma cadeia produtiva e esta pode compreender vários clusters ou polos competitivos, constituídos de empresas e instituições de diversos setores, formando uma rede local de desenvolvimento econômico e social (Figura 2.9).

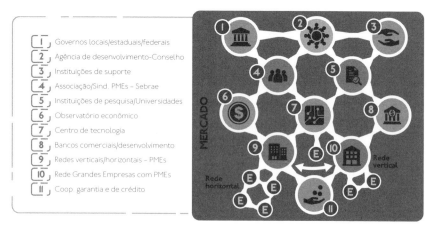

Figura 2.9 - Modelo ideal de redes de empresas e instituições em um território (tecido econômico dinamizado).

De maneira geral, os elos da cadeia produtiva são classificados em fontes (matéria-prima), fornecedores, processadores ou produtores, distribuidores e prestadores de serviços, varejistas e consumidores. E, se concentrados em uma determinada região geográfica, podem formar um cluster ou polo. No âmbito da definição do desenvolvimento empresarial, estimulam-se soluções que aumentem a eficiência de cada um dos elos das cadeias produtivas, tornando-a competitiva, de forma sistêmica. Os pilares do desenvolvimento local são capazes de exemplificar algumas iniciativas básicas de fomento ao desenvolvimento econômico e social de uma região (Figura 2.10).

Figura 2.10 – Pilares do desenvolvimento local.

capítulo

3

EMPREENDEDORISMO E A LIDERANÇA TRANSFORMADORA EMPREENDEDORA

"Empreendedor" é o indivíduo que transforma ideais em negócios, criando e desenvolvendo um empreendimento ou uma empresa. É o indivíduo que cria empregos para a sociedade, um elemento crucial para o desenvolvimento econômico e social de uma região e seu país. As nações, nos dias de hoje, buscam aumentar a capacidade empreendedora e o espírito empreendedor na população, com o objetivo de criar uma sociedade próspera, justa e mais igualitária, principalmente em razão da mobilidade social promovida pela maior capacidade empreendedora criada na população.

Essas capacidades devem ser desenvolvidas na sociedade por meio da educação e da capacitação em ferramentas de gestão e técnicas ligadas ao mundo dos negócios, mas também por meio do perfil comportamental do indivíduo para se tornar um empreendedor bem-sucedido. Muitos especialistas consideram as características comportamentais (*soft skills*) a chave para o aumento da capacidade empreendedora de um país ou região.

Assim, as características empreendedoras devem ser desenvolvidas e podem ser subdivididas em dez comportamentos que levam ao empreendedorismo de sucesso. Entre essas, a resiliência ou persistência é uma das mais importantes características, ou seja, um empreendedor nunca desiste, mesmo quando não é bem-sucedido. Também podemos destacar características como capacidade de planejamento, de ver o futuro e organizar o seu caminho, estabelecendo metas a serem perseguidas, sempre pensando em fazer o melhor, prezando a qualidade dos produtos ou serviços a serem oferecidos para os clientes. O empreendedor apresenta, ainda, elevada capacidade de convencimento e persuasão, pois é um excelente vendedor de ideias e sempre se porta de forma otimista, formando redes de relacionamento com os clientes, fornecedores, instituições, parceiros e amigos, que são os maiores ativos do empreendedor.

Para sermos bem-sucedidos e felizes na vida, devemos ter um propósito, outra característica muito importante para quem empreende. O empreendedor busca, para isso, informações e oportunidades que possam ajudá-lo a alcançar o seu propósito, não desistindo apesar das dificuldades inerentes ao ambiente empresarial; por isso, assume riscos calculados. Para atingir tal propósito, ele apresenta grande capacidade de simplificação e sistematização, criando e organizando o seu modelo de negócio, transformando-o em uma empresa. A tarefa não é fácil, requer autoconfiança e uma certa independência, haja vista a quantidade de responsabilidade que acaba assumindo para transformar as suas ideias em negócios. O empreendedor é um verdadeiro líder transformador, e as características de liderança também se mostram importantes para serem desenvolvidas na formação empreendedora da população.

Seguem as dez características para ser um empreendedor de sucesso:

1. **mostrar iniciativa e buscar oportunidades;**
2. **ser persistente;**
3. **correr riscos calculados;**
4. **exigir qualidade no negócio;**
5. **ter comprometimento;**
6. **estudar e buscar informações de forma contínua;**
7. **estabelecer metas;**
8. **criar sistema de coordenação e monitoramento;**
9. **dispor de uma ampla rede de contatos;**
10. **ter autoconfiança.**

E, para complementar as dez características básicas do perfil do empreendedor, uma das técnicas mais importantes para a prática do empreendedorismo de sucesso é a capacidade de negociação, que pode ser resumida em nove etapas:

NEGOCIAÇÃO:

1. Prepare-se (informação).
2. Defina objetivos.
3. Mostre o seu potencial.
4. Escute bastante.
5. Tenha alternativas (A, B, C).
6. Seja flexível dentro dos limites planejados.
7. Estabeleça um caminho justo ("ganha-ganha").
8. Controle as emoções.
9. Estabeleça relacionamentos - parcerias.

A PREPARAÇÃO E O TREINAMENTO MELHORAM AS HABILIDADES DE NEGOCIAÇÃO (PRATIQUE E SIMULE)

3.1 Empreendedorismo, intraempreendedorismo e inovação

O que se pode observar em relação ao empreendedorismo é a necessidade de considerá-lo um fator de competitividade para as empresas e respectivas nações. A capacidade empreendedora de uma sociedade pode ser considerada um dos requisitos capazes de promover o desenvolvimento nacional e local. Quando se pensa em empreendedorismo, imediatamente se imagina o indivíduo que tem ou deseja ter seu negócio e, em consequência, um agente econômico capaz de gerar postos de trabalho e renda, o que é essencial para o dinamismo econômico e prosperidade de uma sociedade.

A importância das habilidades e dos conhecimentos do universo empreendedor também pode ser aplicada aos colaboradores de uma organização. O indivíduo que empreende em um negócio de terceiros pratica o "intraempreendedorismo". Ou seja, apresenta as características necessárias para obter sucesso em um negócio dentro de uma organização.

Em virtude dos grandes desafios para uma empresa se manter ativa e sustentável, o perfil empreendedor se apresenta essencial para o alcance do sucesso. A fim de promover o empreendedorismo de seus clientes, fornecedores e colaboradores, uma empresa deve realizar mudanças em direção da construção de um ambiente favorável a uma cultura organizacional compatível com o ato de empreender. Isso vai além da redução de burocracias e da mudança na política salarial, da política de compras e relacionamento com os clientes e de iniciativas de reconhecimento e recompensas. Significa criar um ambiente de empoderamento, criando sentimento de pertencimento, no qual os colaboradores, fornecedores e clientes se sintam "donos" da empresa e desejem o crescimento da organização tanto quanto seus proprietários, conselheiros e investidores.

Para empreender de modo eficiente, é necessário um bom ambiente de negócios ou, no caso do intraempreendedor, um bom ambiente organizacional que seja estimulante. Dessa forma, indivíduos de visão, automotivados e apaixonados pelo que fazem, criativos e que transformam ideias em inovação vão florescer nas organizações. A base para empreender nas organizações é a inovação, que é um processo de busca de oportunidades de crescimento e sobrevivência das empresas. Tais processos precisam do engajamento de lideranças organizacionais empoderadas, os intraempreendedores, ou de empreendedores intracorporativos. A cultura corporativa burocrática pode dificultar avanços oriundos da ação dos intraempreendedores. Uma vez incorporada, a cultura empreendedora consegue lidar melhor com erros, propor melhorias e promover soluções com foco no cliente, em vista do desenvolvimento da capacidade de empatia dos colaboradores e se colocando no lugar dos demais colegas e clientes. A empatia fornece elementos simbólicos para o aprimoramento de ideias e aperfeiçoamento de novos produtos, serviços e processos em razão da capacidade de se colocar na situação dos outros.

O papel do empreendedor como indutor desse movimento é fundamental; ele é um grande condutor de processos de inovação que possam agregar valor simbólico e financeiro para as organizações. A prática do empreendedorismo com empatia gera inovação para dentro e para fora da empresa. Nesse contexto, é essencial a presença de redes de empreendedores, os quais estão empenhados em produzir e disseminar novos conhecimentos e inovações. A inovação está intrinsecamente ligada ao conhecimento, logo pode ser aumentada com a combinação de diferentes conjuntos de conhecimentos, informações e interações.

O empreendedor deve dinamizar o processo de inovação nas empresas. Cabe aos gestores realizarem um monitoramento constante das técnicas e dos resultados das novas iniciativas, de modo a verificar o impacto positivo na geração de inovação. Muitas vezes, é preciso desaprender, esquecer um padrão de comportamento antigo, para, então, aprender um novo, que contribua para uma gestão eficiente não só do conhecimento mas também da inovação. Nesse ponto, como o perfil empreendedor faz toda a diferença, as políticas que valorizam a capacidade empreendedora devem ser capazes de promover a tradução do conhecimento tácito em explícito dentro de uma empresa, e também no setor público, a fim de reter o conhecimento organizacional e possibilitar que ele seja transformado em inovações. Esse perfil valoriza a meritocracia em detrimento do personalismo e da passionalidade.

O conhecimento tornou-se o principal ativo do mundo moderno e está transformando radicalmente pessoas e empresas, que passam a viver na chamada "sociedade do conhecimento". As empresas atentas às constantes mudanças, que buscam informações e conhecimento acerca das novas exigências do mercado, estarão no caminho certo para se manterem competitivas e sustentáveis por meio do constante processo de inovação. Por isso, monitorar o mercado constantemente, atentar-se aos diversos assuntos e fatos cotidianos é de grande importância para manter-se atualizado sobre as oportunidades e ameaças do ambiente de negócios e sobre o posicionamento referente a prováveis cenários futuros, reduzindo riscos e se preparando para as incertezas.

O conhecimento e a inovação nas empresas ocorrem por necessidades latentes e pelas interações com outras empresas, com fornecedores e clientes, visando atender aos requisitos de mercado. Assim, o processo de estímulo à inovação deve ressaltar ações que promovam as inter-relações empresariais, a convergência ou intersetorialidade como poderoso instrumento de desenvolvimento, além das formas tradicionais de programas e projetos de inovação existentes.

Para inovar, é necessário ter recursos. O mais difícil para a empresa, porém, não é encontrar opções para financiamento dos projetos de inovação, e sim estar preparada para pleiteá-los, acessá-los e, principalmente, fazer bom uso da aplicação dos recursos obtidos, sejam eles de natureza reembolsável ou não. E, para tal, as palavras-chave são planejamento e gestão. Sem esses ingredientes, a empresa estará fadada ao fracasso e não se aproveitará do processo de inovação, que exige riscos e maturação para tornar-se viável e garantir a sustentabilidade de um empreendimento.

Portanto, para as organizações inovarem e empreenderem com sucesso, é necessário exercitar a arte de pensar e gerir equipes de pessoas com habilidades, conhecimentos e atitudes para contribuir com diferentes ideias, desenvolver capacidade de fazer associações, combinações e, sobretudo, se relacionar com os seus companheiros de trabalho, clientes e fornecedores, de modo que aconteçam interações e interseções entre as diferentes formas de pensar. Dessa maneira, surgirão novas conexões e novas perspectivas, que vão propiciar a geração de ideias e inovações que poderão impactar positivamente as empresas, organizações e suas cadeias de valor, contribuindo para transformar os colaboradores, clientes e fornecedores em verdadeiros empreendedores e parceiros de sua empresa.

2 Liderança transformadora empreendedora

São inúmeras as definições de "liderança" observadas nas descrições teóricas e experiências práticas, como também nas reflexões dos líderes e em suas abordagens. É possível, então, descrevermos alguns conceitos que se demonstraram bem evidentes, recorrentes e convergentes sobre liderança.

Pode-se afirmar, de forma consensual, que estamos passando por um momento especial no mundo graças aos grandes avanços tecnológicos e aos problemas criados pela pandemia da Covid 19, estes sem precedentes na história da humanidade. Isso acaba ocasionando muitas incertezas e dificulta a previsibilidade e os cálculos de riscos, acrescidos ainda dos conflitos mundiais, como a guerra da Rússia com a Ucrânia.

Um fato importante são as muitas dificuldades de prever cenários, apesar das técnicas probabilísticas – isso por causa da velocidade das transformações –, além da falta de exemplos similares ocorridos no passado. Cabe ressaltar que a humanidade já passou por grandes transformações; a diferença em relação à atualidade são a velocidade e as incertezas dessas mudanças.

A figura da liderança é fundamental para conduzir com sucesso as transformações no país, nas organizações e em seus colaboradores, mediante as velozes mudanças, mantendo, ao mesmo tempo, comprometimento, engajamento e propósito de todos os envolvidos a fim de cumprir os objetivos, visão e propósitos das organizações. Nasce aí a figura do líder transformador, para fazer frente aos enormes desafios e às velozes mudanças, decorrentes em particular da transformação digital e de outras tecnologias da indústria 4.0 e das tecnologias que estão por vir, além dos problemas pelos quais a humanidade vem passando.

As rápidas mudanças estão impactando muitos negócios, suas organizações e a vida das pessoas, mudando hábitos, culturas e formas de consumo, de produção, de distribuição, comunicação, produção de energia e utilização de recursos (ciclo de vida), e as relações entre pessoas, organizações, os pesquisadores, governos e a população.

Cabe ressaltar que nunca, na história humana, tivemos de três a quatro gerações trabalhando e vivendo conjuntamente, usando e dividindo recursos, habilidades e propósitos de vida. Isso é extraordinário, visto que demonstra a capacidade tecnológica da humanidade em vários setores, com destaque para o setor de saúde. Além disso, aumenta consideravelmente o tempo de vida das pessoas, embora crie desafios intergeracionais em relação ao trabalho, aos recursos e à qualidade de vida. Pode ser uma grande oportunidade para as empresas, organizações e suas lideranças.

As organizações devem assumir o protagonismo por meio de seus líderes e colaboradores para se posicionarem na vanguarda nos setores e mercados de atuação, participando da construção do futuro do setor no qual se encontram posicionadas. É importante compreender que a análise exclusivamente setorial

é insuficiente, pois, cada vez mais, os setores e suas empresas se encontram interconectados e interdependentes, fazendo parte de subsistemas integrados que estão inseridos em um sistema ainda maior. Portanto, a visão fragmentada deve ser evitada e, no seu lugar, deve ser promovida a visão e atuação sistêmica, convergente e cooperativa, como fundamento básico e novo paradigma para obtenção da competitividade sustentável a ser perseguida no processo de liderança.

E para a utilização prática da abordagem sistêmica e convergente, o líder pode utilizar alguns modelos matemáticos e de ciências sociais já descritos. Um exemplo de modelo simples são os diagramas Euler e Venn, que desenvolveram e popularizaram a teoria dos conjuntos, segundo a qual são usados diagramas circulares para descrever atividades, setores ou mercados em círculos individuais. Quando colocados próximos, podem ser observadas as interseções nesses diagramas; nas interseções encontram-se as singularidades, as convergências entre os elementos. E quanto mais conjuntos (setores) houver interagindo, maior será a singularidade e, consequentemente, o potencial de inovação e de novos modelos de negócios e novos paradigmas.

A liderança transformadora deve manter-se intransigentemente em busca da singularidade que se traduz naquilo que é único, incomum, surpreendente e original. A inovação se apropria desses atributos em um determinado espaço de tempo por ocasião do potencial de ser copiada, então pode ser considerada em alguns casos como um monopólio de curto prazo. Daí a necessidade da busca contínua das inovações, com o objetivo de sucesso e sobrevivência de uma organização.

Desse modo, o líder transformador é necessariamente um líder inovador e empreendedor. Inovar pode ser um novo produto, serviço, processo, modelo de negócio ou invenção necessariamente aceita pelo mercado, sendo o "oxigênio" necessário para a sobrevivência e o sucesso de um empreendimento. Logo, fica difícil separar a lógica da liderança transformadora da lógica empreendedora. Como resultado, um bom líder transformador deve incorporar características empreendedoras ou intraempreendedoras.

Para exercer a liderança transformadora empreendedora, é preciso resiliência e capacidade para: resolver problemas, adaptar-se às mudanças, superar obstáculos e manter o foco na meta, adaptando as estratégias para atingir os objetivos definidos, sem desistir apesar das diversidades, apresentando vontade de vencer e confiança em obter o resultado planejado, mantendo a mente focada, positiva e otimista.

O líder transformador empreendedor pratica o autoconhecimento, desenvolve o seu carisma para influenciar os colaboradores a se engajarem e se motivarem por um mesmo propósito, tendo o líder como exemplo e inspiração, além de estimular o trabalho em equipe e a busca pelo conhecimento.

O líder deve demonstrar honestidade e transparência (compliance), ter competência, apresentar uma mente positiva e otimista, sempre olhando e seguindo em frente, desafiando a si próprio e à sua equipe, em busca da produtividade e do alto desempenho. O líder deve apresentar inteligência e maturidade emocional, transmitindo confiança aos colaboradores e demais integrantes da organização; deve relacionar-se com cada indivíduo como único, de forma singular, conhecendo seus pontos fortes e fracos, utilizando técnicas de coach, como o feedback (dar retornos individuais), para o aprimoramento dos membros da sua equipe. Dessa maneira, será possível aproveitar o melhor de seus colaboradores e da equipe, com foco em obter resultados desafiadores, acima das expectativas. Para ser um líder transformador, deve-se amar o que se faz e as pessoas com quem se trabalha.

A liderança deve ser exercida em pelo menos seis dimensões interdependentes, que funcionam como um sistema e processo de aprendizado:

1. **A primeira dimensão, que é pessoal e se refere ao indivíduo, depende do exercício do autoconhecimento, da autogestão e inteligência emocional, sendo fundamental a existência de um propósito definido.**

2. A segunda dimensão é a da equipe, na qual é necessária a motivação, o engajamento e a busca de satisfação dos indivíduos de um grupo.

3. A terceira dimensão é a da empresa, que tem foco na performance por meio da missão, visão, dos valores, objetivos e metas de uma organização e seus resultados planejados.

4. A quarta dimensão do processo de liderança é a setorial, que abrange as relações governamentais e dos órgãos de controle, tendo foco na integridade (compliance) e nas relações sindicais e associativas, intersetoriais e de cadeias produtivas.

5. A quinta dimensão de um líder é a social, que contribui para a formação de pessoas melhores, saudáveis, longevas e com foco no bem-estar social, de modo sistêmico.

6. E a sexta dimensão do processo de liderança é a espiritual, que tem foco na empatia, na generosidade, na reflexão, na meditação e no respeito à vida humana e dos demais seres da natureza, podendo ter cunho religioso ou não.

Como reflexão sobre o processo de liderança para a formação de líderes capazes de atender aos desafios da atualidade, buscando resultados positivos para as empresas e para a sociedade, é necessário observar o desenvolvimento de todas as dimensões do processo de liderança, de forma integrada e não fragmentada, o que não é simples e exige grande esforço de transformação.

As três dimensões iniciais da liderança transformadora empreendedora – a pessoal, a de equipe e a empresarial – são mais explícitas e comumente abordadas em estudos e publicações sobre o tema da liderança, porém exigem grande esforço de conhecimento e domínio cognitivo e emocional para seu desenvolvimento.

Já as três seguintes dimensões – setorial, social e espiritual – não são tão explícitas, mas mostram-se fundamentais, além de fator crítico de sucesso para o desenvolvimento da liderança, ainda que em muitos casos sejam negligenciadas pelos indivíduos e organizações. Sua consequência é a existência de muitos líderes incompletos, egocêntricos ou nocivos, que acabam atuando e utilizando formas ou métodos equivocados, visto que só desenvolveram algumas das seis dimensões, o que pode ser muito negativo para as empresas, governos e para a sociedade.

Então, para ser um líder transformador empreendedor, é necessário desenvolver todas as seis dimensões do processo de liderança, o que não é simples. É claro que algumas dimensões podem ser mais dominantes do que outras, dependendo de cada indivíduo. Isso não é ruim; pelo contrário, com a heterogeneidade e a diversidade, a sociedade lucra com as diferenças, por meio da geração de inovação e melhor relacionamento social (Figura 3.1).

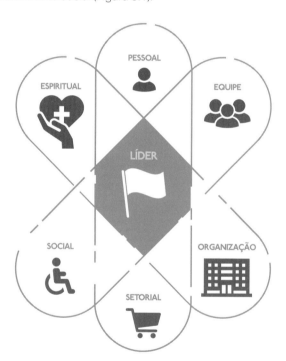

Figura 3.1 – Modelo de liderança transformadora empreendedora.

Embora algumas pessoas apresentem características naturais de liderança, esta não é simplesmente um dom, uma vez que pode ser aprendida e aprimorada por meio de conhecimentos teóricos e práticos. Como é definido por muitos especialistas, a liderança pode ser considerada um processo e uma característica intrínseca ao indivíduo, que necessita ser desenvolvida e aprimorada.

Em relação ao modelo ideal de liderança, também fica claro que, em razão da velocidade das transformações e mudanças (disruptivas), o modelo da liderança flexível e situacional referenciado no mundo "VUCA" (sigla em inglês para volatilidade, incerteza, complexidade e ambiguidade) pode ser considerado adequado para as organizações e seus países. Assim, é mais complexo e desafiador desenvolver as características flexíveis e de adaptabilidade da liderança, o que se mostra mais um desafio para as organizações que desejam obter uma alta performance e ser competitivas e sustentáveis.

Como devem portar-se então os líderes do mundo 4.0? A liderança atual precisa lidar com os desafios das novas tecnologias, do mercado e dos novos modelos de negócios. Com isso, surgem novos talentos e profissões. Para gerenciar tudo, é emergente a necessidade de um líder que exerça liderança situacional.

E o que é essa nova demanda da liderança? Muito usada em momentos de crise, é uma modalidade de gestão que foca no ambiente, na leitura de cenários e nas capacidades de cada indivíduo da equipe. As tarefas são delegadas de acordo com as habilidades, o que exige do líder amplo conhecimento de seu time, valorizando as suas capacidades e aptidões.

No mundo atual, não é incomum um subordinado assumir a liderança do grupo em determinados momentos, quando necessário. Isso, de maneira alguma, diminui a importância das lideranças formais e dos cargos de chefia. Na prática, contudo, esse modelo flexível e transitório de liderança pode esbarrar na cultura organizacional, o que é um problema a ser resolvido. Uma liderança situacional torna-se possível com autoconsciência, alianças fortes, confiança, uma boa plataforma e portfólio de projetos, cultura organizacional compatível e boa maturidade dos envolvidos, além de visão sistêmica, pois demanda do gestor o entendimento da importância em engajar, motivar e encorajar os seus colaboradores de forma integrada para superarem desafios e desenvolverem todo o seu potencial.

Com a velocidade das mudanças, o que acontece então com o planejamento estratégico? Vale ressaltar que é importante ter e manter o processo de planejamento e tentar segui-lo, com bom senso. A execução não pode ser engessada, nem tão rígida como nos moldes tradicionais. A velocidade das mudanças hoje em dia não possibilita mais esse tipo de gestão estática, e sim uma lógica dinâmica. É preciso sempre revisar o plano e moldá-lo às situações que aparecem, porém observando as tendências de futuro e avaliando os resultados planejados.

E tudo isso está intimamente ligado aos novos modelos de negócios, na medida em que estes passam a ser cada vez mais colaborativos, compartilhados e circulares. Neles, as estruturas hierárquicas centralizadas perdem espaço para modelos integrados, convergentes, flexíveis e dinâmicos. Além disso, são pautados diariamente pelas novas tendências e pelo engajamento do público via redes sociais.

Os líderes de empresas tradicionais precisam trabalhar para destravar a burocracia. Essas empresas não precisam morrer, apenas se adaptar às novas exigências e demandas de mercado. Devem-se evitar as estruturas "paquidérmicas" e seus processos burocráticos. Estruturas e processos flexíveis e ágeis terão mais sucesso. Hoje, os novos consumidores, principalmente os jovens, não são mais apegados às marcas e suas empresas pelo tempo de existência, mas, sim, pelos valores aos quais elas estão relacionadas. Com as redes sociais, esses jovens, exigentes, querem participar de comunidades com conteúdo de qualidade, com princípios de sustentabilidade, diversidade e desejam fazer a diferença, e isso começa no ato do consumo consciente, que impactará todas as organizações.

Desse modo, as empresas não devem ficar presas aos modelos antigos de posicionamento de *brandings* e de marketing. É necessário desenvolver estratégias que façam com que o público-alvo se identifique com as marcas e, assim, seja seu influenciador. E quer melhor influenciador que um funcionário ou cliente satisfeito? Para isso, mais uma vez, as organizações passam pela necessidade de uma liderança bem estruturada, situacional e flexível, generosa, motivadora, justa e com propósito definido. Essa é a genuína liderança transformadora empreendedora.

Essas lições valem não apenas para grandes empresas e organizações mas também para as micro e pequenas empresas. É importante que o empresário de pequeno porte mude seu *mindset*, atualize a sua maneira de pensar, de ver o mundo, e fique atento às novas oportunidades. Um caminho para tal é fazer um processo de coaching com especialistas no tema, que podem ajudar a desenvolver aspectos e características da liderança transformadora empreendedora. Essa guinada para uma gestão mais humana não exige que se gastem muitos recursos financeiros e tempo, é muito mais uma questão interna de *soft skills*, ou seja, competências socioemocionais e de inteligência emocional.

Com base nos conceitos e nas reflexões abordadas, conclui-se que são os líderes transformadores empreendedores os responsáveis por trazer mudanças positivas para o país e para a sociedade, não somente para as empresas. Isso porque o líder é o grande instrumento e maestro para fazer com que as pessoas participem e se engajem em um propósito por meio de uma visão clara e magnética, oferecendo o melhor de si para a construção e transformação, de forma integrada e convergente, para uma sociedade mais justa, cooperativa, igualitária e eficiente. E o que mais estamos precisando atualmente para ter um mundo melhor é de "líderes transformadores empreendedores genuínos".

3.3 Plataforma da liderança

É consenso entre inúmeros especialistas em gestão que as pessoas têm capacidades e ativos diferenciados que, somados, podem contribuir para o alcance de seus objetivos e realizações. É difícil conseguir fazer algo sozinho; já com auxílio do compartilhamento e da complementação, são obtidos resultados extraordinários. As plataformas são exatamente os conhecimentos tangíveis e intangíveis, recursos ou ativos pessoais de cada indivíduo, sejam do passado, sejam do presente e do futuro, que, integrados, promovem a qualidade das capacidades laborais, de liderança e sociais de uma pessoa. Essas capacidades são únicas e, uma vez compartilhadas, integradas e convergentes, fazem com que organizações e pessoas consigam alcançar os seus objetivos e seus propósitos, os quais muitas vezes deixaram de ser realizados por não serem alcançados de modo individual. Para sermos bem-sucedidos e fazermos a diferença em nosso trabalho e na sociedade, agindo como um líder de excelência, será necessário compor e integrar plataformas individuais e singulares de várias pessoas.

A plataforma da liderança é o meio de alcançar algo desejado, e não um produto ou projeto final. São ativos tangíveis e intangíveis do passado, do presente e do futuro, que, complementados, contribuem para um objetivo "materializado" por uma visão clara, magnética e motivadora sobre algo que se deseja alcançar. É comum ouvir falar sobre o termo plataforma em estudos sobre a indústria automotiva, sobre inovação ou também sobre setor tecnológico. Para facilitar o entendimento sobre o termo plataforma, pensando nesses setores como exemplo, olhamos um carro e vemos que ele é muito complexo, com milhares de peças e conhecimentos na sua composição. Se pensarmos agora pela lógica da plataforma, pode parecer mais fácil construir um carro, visto que os números de plataformas (módulos) que compõem o veículo seriam bem menores em relação ao número de peças. Como exemplo, se adquirirmos um chassi de um fornecedor, ele pode representar uma plataforma; o motor de outro fornecedor seria outra plataforma responsável por gerar força para movimentar o carro e suas partes rolantes, para deslizar no asfalto. Dessa maneira, em vez de fabricarmos todas as peças e termos todos os conhecimentos necessários, se unirmos as plataformas (módulos) das partes do carro, de forma compartilhada e integrada, seria mais rápido, fácil e menos custoso construir um veículo. Essa é exatamente a lógica de se pensar em plataformas, o mesmo cabe para o desenvolvimento de softwares, a geração de inovações e o desenvolvimento de vários produtos e serviços. Para realizar a plataforma da liderança, tornando-a mais atraente e robusta, é necessário um portfólio de projetos passados, presentes e futuros que funcionam como alicerces para atingir a visão e realizar o propósito a ser perseguido pelo líder.

No caso da utilização da lógica do pensamento de um indivíduo por meio de plataformas, desejando ser líder e gestor de excelência, será preciso então refletir sobre todos os conhecimentos, relacionamentos, pessoas, networking, recursos e projetos do passado, do presente e pensar o que será necessário para o futuro. Assim, se nos unirmos a outros colaboradores e parceiros, que também têm suas plataformas pessoais e empresariais, será possível alcançar os objetivos, propósitos desejados e superar os inúmeros desafios e crises ao longo da vida profissional e pessoal, consequentemente otimizando os esforços em busca de uma vida de sucesso e cheia de realizações.[7]

---

[7] Sebrae. *Líderes para o Brasil*, IXL Center, 2022.

capítulo

4

EMPREENDEDORISMO EM MOMENTOS DE CRISE

A crise, que faz parte do ambiente de negócios das empresas e organizações, é considerada fator crítico a ser observado nos planejamentos estratégicos. No mesmo momento, serão observados os respectivos riscos calculados, de forma probabilística, em relação a cenários possíveis e cenários inusitados, como o ocasionado pela grande crise econômica e social mundial – promovida pela pandemia da Covid 19 – e agravado pelos conflitos mundiais, como a guerra entre a Rússia e a Ucrânia. Esses cenários não foram previstos por muitas organizações, o que impactou fortemente vários negócios, principalmente os de menor porte, criando um ambiente de riscos elevados e incertezas.

É possível constatar, a título de cenário provável e que já está acontecendo, um pico de demanda primeiro de produtos agrícolas e energia (matérias-primas), em seguida de produtos industrializados no curto prazo; uma demanda maior no setor de comércio e, por último, no setor de serviços no médio prazo. Vale lembrar que teremos uma pressão de tendência inflacionária e falta de produtos e insumos em algumas cadeias produtivas. Tal pressão deu-se por ruptura de fornecimento, tendo sido este pressionado pela existência de demanda reprimida por parte do mercado consumidor. Apesar da queda de empregos registrada durante a crise da pandemia, no médio prazo haverá queda significativa dessa demanda se não forem retomados os empregos. Ressaltamos ainda que a pressão inflacionária é resultado do aumento dos custos de matéria-prima, energia e logística, que, por sua vez, aumentam os preços dos produtos e serviços, o que é muito perigoso para a economia e para o desenvolvimento social no médio e longo prazos. Essa lógica dos ativos econômicos e empregos é muito similar em crises anteriores, apresentando-se de forma recorrente tanto quanto cíclica, e deve ser observada em outras possíveis crises futuras para melhor posicionamento das empresas, das organizações e dos trabalhadores.

A recomendação é que as empresas se preparem para a retomada do crescimento econômico, por meio da melhor capacitação de seus recursos humanos, revisão do planejamento financeiro e do aperfeiçoamento dos modelos de gestão, revendo os seus modelos de negócios, com o objetivo de aproveitar melhor o processo de retomada econômica.

A grande lição aprendida durante a recente crise foi em relação ao processo de digitalização e automação dos modelos de negócios e da rápida adaptação dos colaboradores e consumidores a essa nova realidade. A tendência para o "novo normal" será os negócios funcionarem no modelo híbrido. Isso ocorre porque o trabalhador e o consumidor final, por necessidade de distanciamento social, sofreram um processo de transformação digital radical, antecipando em aproximadamente cinco a dez anos as incorporações das novas tecnologias digitais, ou seja, para alguns especialistas a revolução 4.0 acabou de acontecer de modo radical e antecipado. É fundamental que esse novo modelo seja adotado pelas organizações, empresas e pessoas para evitar a obsolescência, o qual se considerará um fator de competitividade.

Outro aprendizado advindo da crise e que se tornará uma demanda crescente de mercado são as "economias de vizinhança" ou "economias de proximidade", que foram dinamizadas no período recente e acabaram salvando muitos negócios de micro e pequeno porte.

Então, as economias de vizinhança podem ser consideradas tendência de futuro e uma boa oportunidade de exploração, visto que muitas residências viraram escritórios de trabalho, demandando novos e diversos serviços da localidade, promovidos pela redução do traslado de pessoas e pela maior permanência no entorno das áreas residenciais. Para ressaltar essa tendência, já foi sinalizado por inúmeras empresas o modelo de funcionamento híbrido para várias atividades econômicas, com jornadas de trabalho semanais cujas atividades serão em parte home office e em parte nas estruturas das empresas, nos escritórios das organizações, o que também impactará o mercado imobiliário e de arquitetura e suas cadeias produtivas. O importante nesse contexto para os empreendedores e profissionais será a necessidade de se adaptar e capacitar para esse novo normal.

.1 Dificuldades de empreender no Brasil

O caminho para mudanças que dinamizam os empreendimentos no Brasil é melhorar o ambiente de negócios, reduzindo as amarras burocráticas, jurídicas e tributárias, desamarrando e soltando o espírito empreendedor brasileiro.[8]

Para empreender no Brasil, são necessárias coragem e determinação. Percebe-se a falta de entendimento da real necessidade do empreendedor e de seus segmentos produtivos e da real necessidade de comercialização e serviços por parte das políticas econômicas. Muitas leis e tributos são impostos às empresas sem a compreensão do impacto nas cadeias

---

[8] Di Giorgio Sobrinho, Carlos A.; Regazzi, Renato D.; Varejão, Mauro C. *Diálogos empresariais: a voz das micro, pequenas e médias indústrias fluminenses.* Rio de Janeiro: Di Giorgio & Cia. Ltda., 2014. 208 p.

produtivas, o que gera grande pressão, riscos e responsabilidade para o empresário. Esse excesso de regulamentação, sem propósito, não só prejudica o empresariado como também a classe trabalhadora.

Identificar as necessidades de cada setor e criar condições mais simples para abrir e manter um negócio são fatores fundamentais para o crescimento das atividades econômicas no país. As estruturas burocráticas brasileiras são o maior entrave para a dinamização dos negócios e causam muita insegurança. Esse problema deve ser enfrentado com bastante atenção e pragmatismo, para ser resolvido por absoluto ou igualar as condições às de outros países de economia avançada, melhorando o ambiente de negócios no Brasil.

Há no Brasil muita dificuldade de as empresas se manterem plenamente na legalidade, mesmo pagando todos os impostos e seguindo as leis exigidas, o que aumenta enormemente os riscos e afasta muitas possibilidades de empreendimento que poderiam gerar emprego para a população e receita para o Estado. Nota--se, nesse contexto, também a obrigatoriedade de obter inúmeras certidões de operação, algumas com prazos curtos que devem ser sempre renovados, fazendo uso demasiado de cartórios e infraestruturas de suporte, o que ocasiona enormes custos e potenciais passivos.

É possível observar que a maioria dos empresários deseja atender às regras e leis de funcionamento. Entretanto, por mais que tentem segui-las, a burocracia emperra e atrasa os investimentos e o retorno do negócio. Isso ocorre principalmente pela falta de prazos e comprometimento das esferas burocráticas, que aumentam muito os custos improdutivos, responsáveis, em muitos casos, pela falência dos empreendimentos. Deve-se levar em conta que as exigências e os prazos podem ser compatíveis com as necessidades do setor empresarial, funcionando como um sistema que facilite a competitividade da empresa brasileira e não ao contrário, que seria autofágico para a economia.

Uma adequada visão e o entendimento do sistema produtivo em todas as esferas – industrial, agricultura e pesca, comercial e de serviços – são fundamentais para ajustar leis, taxas e políticas públicas que funcionem pragmaticamente para a sustentabilidade e competitividade de todos os setores da economia. O que vem acontecendo é haver cada vez mais regras e tributações para o segmento empresarial. Em muitos casos, presume-se até que sejam bem-intencionadas, porém, por sua visão limitada, tais medidas deixam de observar a consequência para o sistema e acarretam, ao final, grande ônus para a sociedade brasileira. Nenhum burocrata é penalizado por essas consequências, somente o empreendedor, que não consegue viabilizar seu projeto ou sua empresa. Essas questões raramente são colocadas na hora da formulação do plano e no modelo de negócios pelo empreendedor ou investidor, o que pode ser um fator crítico de sucesso, mas muitas vezes não é considerado e se apresenta como um dos motivos do insucesso de alguns empreendimentos.

Cabe refletir que empresas bem-sucedidas geram bons empregos, poder de compra para o trabalhador, melhores receitas para o Estado e, em consequência, um círculo virtuoso de desenvolvimento econômico e social, com melhor qualidade de vida para a população. No Brasil, porém, esse problema apresenta dificuldades para ser resolvido. Por quê? Esse é um questionamento que todos os envolvidos, seja o empreendedor, seja o governo, o terceiro setor, os trabalhadores, o setor acadêmico e os próprios consumidores devem ter em mente e pensar em solucionar. Afinal, países desenvolvidos são países fortemente empreendedores.

Apesar das dificuldades, as riquezas naturais, a criatividade do povo e o espírito empreendedor do brasileiro, forjado em um ambiente de grandes dificuldades de sobrevivência, fazem do Brasil uma economia forte, com empresas de sucesso e um número cada vez maior de pessoas que desejam ter o seu negócio e empreender, não obstante os obstáculos. É preciso transformar as vantagens comparativas do país em vantagens competitivas. O diálogo, o entendimento, o fortalecimento da indústria, do comércio e serviços, da agricultura e pesca, e do espírito empreendedor, que melhoram o ambiente de negócios, tudo isso é o caminho mais curto para o desenvolvimento do setor empreendedor brasileiro.

4.2 Perfil profissional dos gestores e colaboradores

O "intraempreendedor" será o novo perfil profissional do futuro.

Graças aos desafios do crescimento exponencial das tecnologias computacionais e redes de transmissão de dados, comunicação e conexão, que estão impactando economicamente a sociedade e causando transformações políticas e culturais ao redor do mundo, será necessário um novo perfil profissional, com a subsequente identificação dos atributos indispensáveis para o sucesso desse profissional e de suas organizações.

As características demandadas para um perfil de sucesso na condução de um empreendimento devem ser desenvolvidas com os líderes, gestores e demais colaboradores de uma empresa. Então, para fazer frente aos novos desafios da atualidade, nasce a necessidade de desenvolver o "intraempreendedorismo" como o estudo de características empreendedoras de sucesso, que são importantes tanto para os proprietários de uma empresa como para os seus colaboradores. Essas características levam em consideração a busca sistematizada de novos conhecimentos, habilidades de comunicação e negociação. Também se espera desse perfil intraempreendedor a capacidade de planejamento, liderança e determinação para a solução de problemas e visão de longo prazo.

O que se observa em relação ao empreendedorismo é a necessidade de considerá-lo um fator de competitividade para o sucesso empresarial de uma região ou um país. A capacidade empreendedora em uma sociedade pode ser concebida como um requisito de sucesso capaz de promover o desenvolvimento econômico e social de um território. O empreendedorismo é um conjunto de habilidades, conhecimentos e competências que proporcionam grandes resultados em qualquer área da vida de uma pessoa.

Quando se pensa em empreendedorismo, logo se imagina o indivíduo que tem ou deseja ter seu negócio, consequentemente um agente econômico capaz de criar postos de trabalho e renda, o que é fundamental para o dinamismo econômico e social cujo objetivo seja alcançar a prosperidade. Portanto, as habilidades e os conhecimentos do universo do empreendedorismo também podem ser úteis internamente nas empresas e organizações, capazes de ser aplicados aos colaboradores e executivos. Então, o profissional que empreende em um negócio de terceiros pratica, na verdade, o "intraempreendedorismo", pois apresenta as características essenciais e necessárias para ter sucesso em um negócio, dentro de uma organização em que trabalha como colaborador, mas pensa e desempenha atividades como proprietário.

Nesse contexto, a capacidade de inovar é um dos requisitos que mais influenciam o sucesso de uma organização e de seus profissionais, estando intimamente ligada ao universo do empreendedorismo. Assim, ideias podem transformar-se em inovações nas mãos de colaboradores que praticam o "intraempreendedorismo" nas empresas, por meio da construção de conhecimentos e soluções que impactam positivamente as partes interessadas de um negócio, quer sejam clientes, quer sejam proprietários, colaboradores, investidores e a sociedade, em geral (stakeholders). Os intraempreendedores podem ser considerados como aqueles sonhadores que realizam e assumem responsabilidades no processo de criação de inovações em uma empresa ou organização.

É possível refletir que, em face dos grandes desafios para uma organização se manter ativa e sustentável, diante dos crescentes desafios econômicos e tecnológicos, o "perfil empreendedor" dos colaboradores se apresenta como essencial para o seu sucesso. Para que uma empresa promova o "intraempreendedorismo" junto a seus colaboradores, mudanças devem ser efetivadas para a construção de um "ambiente favorável" a uma cultura organizacional compatível com o ato de empreender. Isso vai além da redução das burocracias e da mudança na política salarial dos funcionários e dos modelos de reconhecimento e recompensa. Significa criar um ambiente de "empoderamento", de sentimento de pertencimento e confiança no qual os funcionários se sintam "donos" da empresa e desejem o seu sucesso e crescimento tanto quanto de seus proprietários, conselheiros e investidores.

4.3 Oportunidades e desafios

Um ponto de partida a ser observado como oportunidade para o desenvolvimento econômico é a reavaliação das boas práticas realizadas, concebendo mudanças necessárias para os novos programas de estímulo ao setor e à empresa, com base em erros e acertos anteriores. É estratégico identificar a necessidade de maior integração entre os elos da cadeia produtiva, principalmente na valoração e especificação de produtos e serviços locais, sobretudo das micro e pequenas empresas. Estas poderiam, além de contribuir mais fortemente para a eficiência e sustentabilidade nas cadeias de valor, provocar maior impacto social e econômico na localidade de implantação dos empreendimentos. Isso provocaria o aumento do poder de compra da região, revertendo os investimentos em mais clientes e usuários para o setor, que, por sua vez, criaria um círculo virtuoso de desenvolvimento e uma forma de driblar as crises.

Cabe ressaltar que uma das maiores preocupações para as empresas e seus empreendedores, que pode impactar negativamente seu desenvolvimento, é a grande escassez de mão de obra preparada. Essa falta de profissionais qualificados vem dificultando a operação das empresas, transformando-se em um problema crônico e preocupante, principalmente por causa do advento das novas tecnologias e da necessidade de transformação digital e automação.

Um dos receios dos empresários é a incerteza em relação ao crescimento do país e aos problemas decorrentes de regulações de difícil compreensão. Para os empreendedores, as dificuldades com o entendimento sobre as regras e os complexos regulamentos legais, tributários, trabalhistas e ambientais tornam-se obstáculos muitas vezes intransponíveis para empreender no Brasil. Os riscos para abrir, ampliar ou manter um negócio são muito elevados, se comparados a outros países, criando uma barreira à competitividade nacional.

Dificilmente, um empreendimento no Brasil é realizado no prazo, mas não por falta de planejamento. Muitas licenças, de todos os tipos, deixam de ser concedidas no prazo viável para o negócio, e o empreendedor fica à mercê dos prazos da burocracia. Nesse caso, o investidor não tem condições de concluir o seu projeto e, em consequência, remunerar os seus investimentos. Para piorar, os riscos ficam cada vez maiores, os custos ficam muito mais elevados e, em muitos casos, os empreendimentos são levados à falência e seus empregados, à demissão. Observa-se, portanto, que os planos de negócios não são cumpridos e os financiamentos não são liberados enquanto o empresariado demorar a receber as licenças exigidas pelo processo burocrático, sendo que este não se compromete com prazos nem se responsabiliza pelo problema acarretado aos envolvidos.

Conforme o panorama explicitado, observa-se uma grande dificuldade no ambiente de negócios no país, que deteriora a confiança do empresário. É possível concluir, então, que o Brasil está longe de ser um paraíso para o empreendedorismo. Essas dificuldades burocráticas são algumas das grandes amarras no desenvolvimento dos negócios no Brasil que desestimulam o espírito empreendedor, não contribuindo para a atração de novos empreendimentos nem para a formação da cultura empreendedora como opção de trabalho e como grande oportunidade de mobilidade social para a população. Deve-se realizar um choque de mudanças com urgência, a fim de reduzir a burocracia e oferecer prazos reais para o empreendedor operar o seu negócio sob as leis brasileiras. Um exemplo: se o órgão público não tiver capacidade de fornecer os documentos necessários dentro do prazo, por falta de pessoal ou de recursos, ele deve emitir a licença ou certidão imediata e automaticamente, por declaração clara do empreendedor de estar seguindo a regulamentação e as leis brasileiras. Em um segundo momento, então, quando a instituição tiver condições de analisar, assim o fará. A incoerência é retirar do cidadão o direito de empreender por causa da ineficiência burocrática no cumprimento das suas atividades no prazo viável para o empreendimento. Os custos de investimento no Brasil seriam reduzidos drasticamente e o número de negócios e empregos aumentaria exponencialmente, tornando o país realmente arrojado e competitivo.[9]

Outro tópico muito abordado pelos empresários é a grande carga tributária, responsável por inviabilizar alguns setores econômicos. Reavaliar a quantidade e os custos dos tributos, além de evitar os impostos em cascata, são práticas que podem criar efeitos significativos no aumento da atividade econômica e, consequentemente, aumentar a arrecadação em valores absolutos. O que não dá para entender é que determinados setores estão "minguando" em razão da alta carga tributária; em médio e longo prazos não haverá mais aquela atividade econômica e, por conseguinte, não haverá mais recolhimento de impostos nem empregos. Ninguém ganha com isso.

Um estudo detalhado e uma simplificação dos tributos podem ajudar bastante as empresas não só na redução de parte das despesas variáveis mas também na diminuição dos elevados custos administrativos necessários para entender e operar o "emaranhado" tributário brasileiro. Tal ação contribuiria significativamente com maior eficiência administrativa, maior produtividade e competitividade dos setores empresariais. Também se faz necessário refrear a cultura da multa, transpondo a seu lugar a preferência pela educação e orientação, o que evitaria a arbitrariedade das penalidades. A consequência da cultura da multa é não fornecer a oportunidade de o empresário solucionar seu problema, muitas vezes apenas gerando passivos

---

[9] Di Giorgio Sobrinho, Carlos A.; Regazzi, Renato D.; Varejão, Mauro C. *Diálogos empresariais: a voz das micro, pequenas e médias indústrias fluminenses*. Rio de Janeiro: Di Giorgio & Cia. Ltda., 2014. 208 p.

enormes e sem sentido, que oneram os preços dos produtos para o consumidor ou inviabilizam o negócio.

É importante, contudo, desmistificar a visão que se tem dos empresários em relação ao pagamento de tributos. A grande maioria reconhece e sabe da sua importância, intimamente interligada à tentativa de tornar o país mais competitivo. Quando bem pagos e bem utilizados, os impostos geram melhor qualidade de vida para a população, mais recursos para saúde e educação, maior investimento em tecnologia e infraestruturas mais eficientes. O problema é quando a contribuição tributária, além de não oferecer o retorno necessário à população, inviabiliza a atividade econômica. Isso pode ser o fim de boas ideias e bons negócios e se tornar uma "autofagia econômica".

Infere-se também, pelas observações de muitos empresários, que a criação de novas leis sem conversar com as empresas e compreender a dinâmica operacional dos respectivos setores econômicos pode, em muitos casos, inviabilizar algumas dessas atividades no Brasil. Para a elaboração e promulgação de novas regras, faz-se necessário um anterior diálogo apropriado e entendimento das características individuais de cada segmento empresarial. Falta, mais uma vez, a visão do todo: a concepção de sistema produtivo por completo.[10]

A disponibilidade e a formação de mão de obra especializada são mais um objeto merecedor de atenção e preocupação. O que se observa é uma baixa qualidade na educação básica do trabalhador, que repercute em uma menor eficiência no aprendizado sobre o ofício, ou seja, na esfera profissionalizante. Isso reduz de maneira significativa a produtividade do trabalho, o que impacta os indicadores de produtividade da empresa brasileira. Reexaminar o ensino brasileiro em sua totalidade, em todos os níveis de escolaridade, é a melhor opção para fazer

---

[10] Di Giorgio Sobrinho, Carlos A.; Regazzi, Renato D.; Varejão, Mauro C. *Diálogos empresariais: a voz das micro, pequenas e médias indústrias fluminenses*. Rio de Janeiro: Di Giorgio & Cia. Ltda., 2014. 208 p.

frente às novas exigências do mercado, principalmente pelas atuais tecnologias de informação, comunicação, eletrônica, robótica e de línguas. É crucial que isso seja revisto, com a finalidade de construir uma política industrial mais eficiente, que impacte significativamente a produtividade do país. Programar e estimular a formação profissional, em comunhão com as necessidades e demandas do mercado, é outro fundamento a ser observado.

Empreendedores relatam que o processo de contratação do colaborador também é uma barreira a ser ultrapassada e necessita de modernização, ante as novas necessidades das empresas e do trabalhador, apesar de ter havido algumas melhorias. Ao analisar esses dados, percebe-se que alguma coisa deve ser resolvida com urgência para facilitar a relação contratual entre capital e trabalho, de forma justa, moderna e eficiente, sem precarização. Os riscos de passivos na contratação dos trabalhadores são enormes, e quem perde, no final, é a sociedade, uma vez que esses gastos serão repassados para os preços dos produtos ou para o pagamento de mais impostos. Com isso, vão impactar a competitividade do país ou causar redução de oportunidades de empregos em razão dos riscos do processo de contratação para as empresas e os investidores.

No que tange às necessidades de tecnologia e inovação, percebem-se melhorias consideráveis nos últimos anos, conforme observado por alguns líderes empresariais, sobretudo na modernização da infraestrutura de pesquisa e desenvolvimento brasileira. Por outro lado, ainda se nota baixa utilização dessa infraestrutura pelo empresariado brasileiro, por falta de boa comunicação ou por dificuldade de acesso. Existem bons programas advindos da Finep (Financiadora de Estudos e Projetos), do BNDES (Banco Nacional de Desenvolvimento Econômico e Social) e da Faperj (Fundação de Amparo à Pesquisa do Estado do Rio de Janeiro), além de um grande esforço de entidades como a Fecomércio (Federação do Comércio de Bens, Serviços e Turismo), Firjan (Federação das Indústrias do Estado do Rio de Janeiro) e o Sebrae (Serviço de Apoio às Micro e Pequenas Empresas) para a disseminação desses programas, o que vem ocorrendo bastante.

Todavia, fica a reflexão: apesar dos incentivos e da infraestrutura, além do interesse dos órgãos de fomento à inovação e tecnologia, por que não existe ainda uma explosão das inovações nas organizações brasileiras? E por que novas empresas inovadoras não aparecem em quantidades significativas? Sabe-se que ainda existe uma dificuldade de o empreendedor financiar a etapa de posicionamento do seu produto no mercado e que existem dificuldades no diálogo entre universidade e empresa. Cabe uma boa análise e solução sobre essa questão.

Além do mais, seria interessante uma nova estratégia de comunicação e marketing de divulgação dos bons programas de incentivo à tecnologia, à inovação e ao fomento empresarial, com o intuito de o empreendedor se apropriar desses programas em seus negócios. Alguns líderes empresariais registram dificuldade de abordagem e disseminação das informações sobre o tema.

Em relação ao crédito, é inexorável o progresso nos últimos anos. Os maiores impeditivos referem-se às exigências burocráticas que muitas vezes não estão vinculadas à viabilidade da operação, e sim a certidões que dependem de outros órgãos do governo. É cabível reconsiderar algumas imposições e desenvolver operações de crédito específicas para determinados setores e clusters (arranjos produtivos locais) com a participação dos representantes dos segmentos empresariais na localidade a ser desenvolvida. As micro e pequenas empresas continuam sendo as que têm maior dificuldade de acessar o capital e respondem por 99% dos estabelecimentos econômicos no Brasil,[11] conforme dados do Sebrae.

Então, para um desenvolvimento econômico e social eficiente, é necessário estimular o empreendedor a integrar-se nas cadeias produtivas nacionais e internacionais, alcançando e acessando novos mercados. Em primeiro lugar, é importante reduzir as assimetrias de informações, divulgando as oportunidades

---

[11] http://www.sebraesp.com.br/index.php/234-uncategorised/institucional/pesquisas-sobre-micro-e-pequenas-empresas-paulistas/micro-e-pequenas-empresas-em-numeros

existentes em relação aos grandes empreendimentos e criando programas que incentivem o adensamento das cadeias produtivas. Isso ocorre com a inserção competitiva das micro e pequenas empresas, por meio do uso do poder de compras público e privado para a geração de oportunidades de negócios e empregos locais. Essa prática poderia ser incentivada no mercado nacional e no internacional com a divulgação do produto brasileiro no exterior, com ênfase na capacidade produtiva dos clusters nacionais em atender a demandas internacionais. Outra ação é estimular as grandes empresas nativas, que já operam no exterior, a levar sua cadeia de fornecimento também para fora do Brasil, o que facilitaria bastante o acesso de pequenas e médias empresas ao mercado mundial, aproveitando a experiência da grande empresa já internacionalizada.

Não se deve negligenciar a política de conteúdo nacional, que também é importante, e há uma única ressalva: é preciso ter o cuidado de dar tempo para a empresa brasileira modernizar-se e evitar o paternalismo, o qual distorce as bases para a competitividade entre setores econômicos. O planejamento em relação ao conteúdo local é essencial para evitar picos e abismos de demanda, não dando tempo para as empresas se estabelecerem e modernizarem.

As políticas de fomento às micro e pequenas empresas estão melhorando consideravelmente, sobretudo pelo tratamento diferenciado destas, como resultado da lei geral das micro e pequenas empresas. O supersimples, por exemplo, reduz e simplifica os tributos, como possibilita o enquadramento de ainda mais categorias econômicas que poderão ser contempladas. Esse é um bom exemplo do que deve ser feito para melhorar o ambiente de negócios no Brasil. Nesse tema, também é destaque a ação do Sebrae, entidade que – além de disseminar a cultura do empreendedorismo, prestar assistência técnica e consultiva a esse segmento – minimiza algumas assimetrias de mercado, tais quais o acesso ao crédito, à tecnologia e a novas oportunidades de negócios diante de grandes empresas e grandes investimentos, visando ao encadeamento produtivo.

Outro aspecto interessante na construção de uma boa estratégia de desenvolvimento econômico e social é a identificação dos clusters ou arranjos produtivos locais a fim de propor práticas específicas para as concentrações empresariais regionais. Promover o adensamento da cadeia produtiva analisando os clusters, concentrar esforços, atrair novas empresas, prover diálogos setoriais e multissetoriais, observando essas localizações produtivas, são aspectos de fundamental importância para levar em consideração com vistas ao desenvolvimento econômico e social de uma região. Na estratégia de dinamização dos clusters empresariais (arranjos produtivos locais), é importante detectar quais são os segmentos indutores do desenvolvimento, os chamados vetores, e integrar os demais setores econômicos com potencial de complementaridade a ele, assim criando uma verdadeira convergência setorial.

Tal abordagem também pode promover uma maior inter-relação entre empresas e setores industriais, do comércio e do serviço entre si. Isso geraria muitas externalidades positivas como consequência de uma integração ao longo da cadeia produtiva, em que empresas podem se relacionar de forma vertical e horizontal, formando redes colaborativas e complementares. Essa organização, no âmbito do território, necessita de novas formas de diálogo e governança. O processo de construção de uma política de desenvolvimento local precisa ter a condição de transformar a realidade de um território e criar um "marketing setorial local" que diferencie a capacidade produtiva e a imagem daquela localidade no mercado. Logo, os vieses econômicos e sociais caminham juntos na proposição de políticas pragmáticas de desenvolvimento local. A estratégia de reputação e valorização por meio de indicações geográficas é uma ótima alternativa.

Alguns líderes empresariais reconhecem certa dificuldade em atrair empresários para participar das discussões e de programas que promovam o desenvolvimento coletivo de seus setores. Uns argumentam sobre o ceticismo do empreendedor brasileiro em relação ao desenvolvimento de uma estratégia empresarial que possa atendê-los, outros falam em questões culturais ou de interesses meramente individuais. O importante, sem querer esgotar essa questão, é que estratégias devem ser realizadas com o objetivo de atrair mais empresários e lideranças para participar das discussões e dos bons programas disponíveis.[12]

Um fator importante, identificado nas observações de muitos empresários e lideranças, é o fortalecimento da institucionalidade de representação dos interesses do empreendedor, com destaque para a CNC (Confederação Nacional do Comércio de Bens, Serviços e Turismo), CNI (Confederação Nacional da Indústria), CNT (Confederação Nacional do Transporte), CNA (Confederação da Agricultura e Pecuária do Brasil), OCB/Sescoop (Organização das Cooperativas Brasileiras/Serviço Nacional de Aprendizagem do Cooperativismo) e as federações estaduais, como a Fecomércio, Firjan, Fetranscarga (Federação do Transporte de Cargas do Estado do Rio de Janeiro) e seus representantes patronais associados. Essas representações merecem reconhecimento por participarem de diálogos positivos com os governos executivo, legislativo e judiciário, além de outras instituições que representam a sociedade brasileira, com a intenção de defender os interesses do setor de indústria, comércio e serviço, agricultura e pesca, transporte e logística, e torná-los mais viáveis e competitivos para a sociedade. Assim, é importante incentivar as novas gerações de empreendedores a se capacitarem e entenderem a importância das instituições de representação do país, para que participem ativamente da construção de seu futuro e se tornem bons líderes empresariais no amanhã. Desse modo, contribuirão para o vislumbre de um Brasil mais competitivo, empreendedor, igualitário e desenvolvido econômica e socialmente.

E o grande desafio é melhorar o ambiente de negócios das empresas, como já descrito anteriormente. Na Figura 4.1 são apresentados, de forma simplificada, alguns elementos que impactam o ambiente de negócios das empresas.

---

[12] Di Giorgio Sobrinho, Carlos A.; Regazzi, Renato D.; Varejão, Mauro C. *Diálogos empresariais: a voz das micro, pequenas e médias indústrias fluminenses*. Rio de Janeiro: Di Giorgio & Cia. Ltda., 2014. 208 p.

Figura 4.1 – Ambiente de negócios.

4.3.1 OPORTUNIDADES EMPREENDEDORAS E DE DESENVOLVIMENTO LOCAL

Apesar das grandes incertezas, algumas tendências podem ser descortinadas, apresentando-se como possíveis oportunidades de negócios, emprego e renda. Em consequência, poderão contribuir para a retomada do dinamismo econômico e social de um bairro, município, estado ou país por meio das atividades empreendedoras, com enfoque no desenvolvimento local.

Para as oportunidades futuras, serão necessárias lideranças capazes de guiar suas organizações – sejam elas do setor privado, sejam do setor tecnológico e governamental – para o desenvolvimento de novos modelos organizacionais e de negócios, mais adaptados e flexíveis aos novos tempos, com foco na maior produtividade, no comércio justo e na valorização da produção local, na integridade e visão social de uma organização, incentivando também a economia circular.

Em razão dos recentes efeitos provocados pelo isolamento social e pela perda de renda e negócios, existe a tendência de um consumo mais consciente e que preze pela saúde, com vistas ao engajamento de toda a cadeia produtiva na busca de produtos e serviços que tenham um motivo para serem produzidos e utilizados, com qualidade, durabilidade, higiene e segurança. E essa produção deve priorizar o desenvolvimento local, com consciência socioambiental, contribuindo para a confiança entre produtores, colaboradores e consumidores, o que pode ser observado atualmente pelo consumo de vizinhança, que valoriza os pequenos negócios, como exemplo o movimento nacional "Compre do Bairro", excelente iniciativa independente e sem fins lucrativos.

Muitas empresas já estão fazendo conversões empresariais e se adaptando às novas tecnologias digitais, como a dinamização do e-commerce para a venda de produtos e serviços de micro e pequenas empresas, além de reuniões e treinamentos em plataformas digitais. Não que isso seja uma novidade, e sim a forma e velocidade exigidas pela crise que a Covid 19 provocou e que antecipou o uso dessas tecnologias em muitos anos. Isso é uma oportunidade de negócios para empresas e profissionais, sendo evidente que, após o período de crise, as empresas continuarão utilizando essas tecnologias, que apresentam ganhos de produtividade, redução de custos e novos canais de consumo.

Em relação aos setores com tendências positivas, estão os setores de saúde, higiene e limpeza, produtos e serviços que evitam a contaminação das pessoas, como: máscaras, uniformes, sapatos, capuzes (EPIs) e proteções, além de serviços de segurança e saúde no trabalho. Todos são bons exemplos de oportunidades de negócios que ocorreram durante a pandemia da Covid 19 e farão parte da cultura da população.

Setores que vêm apresentando tendência positiva são os setores de comunicação e internet integrados com treinamento, ensino e reuniões a distância, telemedicina, sensoriamento a distância e postos de trabalho on-line (home office). Este último revelou tendência positiva por meio de oportunidade de negócios para arquitetura, design e engenharia e respectivas indústrias (construção/reforma, móveis, ambientação climática, equipamentos de microinformática/automação e utensílios domésticos) para adequação e utilização do lar como posto de trabalho e local protegido e seguro do contágio de agentes biológicos e demais doenças. É importante lembrar que os projetos de moradia não contemplavam a casa como lugar de trabalho; isso pode ser, portanto, uma grande oportunidade de produtos e serviços e uma nova forma de produzir trabalho. A tecnologia 5G possibilitará trocas de informação e dados em altíssima velocidade, as quais vão propiciar o uso massificado da internet das coisas (IOT), em que qualquer objeto poderá ser utilizado e monitorado automaticamente, gerando grandes oportunidades de soluções e negócios para a sociedade.

Como é possível observar, apesar dos momentos de crise, alguns setores se apresentam como promissores, e os empreendedores e trabalhadores devem se adequar às novas tendências de mercado. Outros setores também se apresentam como oportunidades concretas de negócio e trabalho, como o setor de produção de alimentos e bebidas com cuidados com a manipulação (higiene), indicação de procedência (IP) e denominação de origem (DO), que compõe uma indicação geográfica. Os setores de entrega on-line (delivery), o setor de logística (transporte) de curta distância conhecido como "last mile" (última milha) e o setor de segurança e defesa são grandes oportunidades do presente e do futuro.

Não podemos deixar de fora a economia circular na lógica de todos os setores econômicos, principalmente no que diz respeito ao processo de reaproveitamento, reutilização e reciclagem como grandes oportunidades de negócios, por causa do consumo consciente e da melhor utilização e produtividade dos recursos. Está ocorrendo um processo de reindustrialização, sobretudo de setores cujas cadeias produtivas globais foram rompidas e cujos produtos estiveram e ainda estão em falta para a população e as empresas em momentos de crise. Outra oportunidade são os negócios relacionados à economia verde e economia do mar ou azul, com grande pegada para a sustentabilidade. A economia do mar engloba setores diretamente ligados ao mar como recurso ou meio e setores indiretamente ligados vinculados ao potencial de fornecimento de produtos e serviços para a cadeia produtiva marítima (Figura 4.2).

Para aproveitar todas essas oportunidades, serão necessárias mudanças de paradigmas, reciclagem profissional e modelagem de novos negócios, principalmente daqueles que levam em consideração a integração e a convergência entre setores. Tal convergência é uma grande oportunidade de negócios e trabalho, visto que aumenta o espectro de mercado e soluções por meio do atendimento simultâneo e integrado de vários setores e não de forma fragmentada, atendendo a uma tendência de atuação sistêmica e convergente. E não basta somente saber quais são as oportunidades em questão, e sim saber que serão necessários novos conhecimentos e habilidades, com destaque para o perfil de liderança. O líder dessas novas oportunidades deverá ser flexível, situacional, capaz, integrado e disciplinado, além de ter muita coragem, solidariedade e generosidade. O perfil de uma liderança transformadora empreendedora, em que a cooperação com foco em resultados será a base para a tomada das decisões em prol da organização, dos colaboradores e da sociedade, visa, ao final, o desenvolvimento das empresas, mas também da localidade onde a organização estiver incluída.

4.4 A resiliência é o segredo do sucesso das organizações e de seus líderes

Estes últimos anos foram extremamente difíceis para as pessoas e para os negócios. A situação de lidar com a morte, tanto de entes queridos como de empresas, e com a perda de empregos é uma condição de grande estresse para todos. Algumas pessoas, porém, conseguem lidar melhor com as adversidades e os problemas, com destaque para alguns dos mais terríveis de suportar, como: perdas

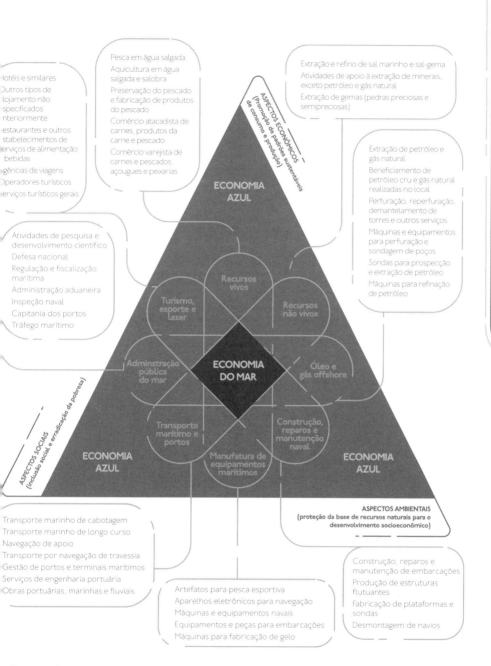

Figura 4.2 – Oportunidade de negócios na economia do mar.

humanas, de saúde e financeiras. Elas superam as situações ruins sem desmoronar, preservando a sua integridade emocional. Essas habilidades em lidar com problemas extremos podem ser desenvolvidas e aperfeiçoadas.

O termo resiliência vem da ciência, com base na física, e significa a capacidade de os materiais retornarem ao seu estado original após submetidos a forças externas, mantendo-se íntegros. Esse termo foi apropriado e utilizado pela psicologia, que ressalta a capacidade de se adaptar em situações de estresse e dificuldades. De modo prático, é como uma pessoa consegue utilizar sua força interior para suportar adversidades. Isso não significa que a pessoa não se abate, mas, sim, enxerga positivamente além dos problemas, conseguindo suportar sofrimentos e situações desfavoráveis, lidando com os acontecimentos de forma positiva e mais leve.

A resiliência é uma das características mais importantes para sobreviver no universo do empreendedorismo e dos negócios. Deve ser desenvolvida segundo orientações de especialistas e por meio de capacitações apropriadas, visando ressaltar e pôr em prática essas características intrínsecas aos indivíduos. Todos podem ser resilientes, mas necessitam desenvolver as características compatíveis a essa habilidade comportamental (*soft skills*) tão importante na atualidade. As ciências humanas deixam claro que essa é uma característica fundamental dos sobreviventes.

capítulo

5

TENDÊNCIAS DE MERCADO E A IMPORTÂNCIA DO LOCAL

Uma das fontes mais importantes sobre as tendências mundiais para os negócios é a NRF Retail's Big Show, maior evento de varejo do mundo, que é realizada pela National Retail Federation (Federação Internacional do Varejo – NRF) nos Estados Unidos. O primeiro evento foi organizado em 1911, quando a NRF ainda se chamava National Retail Dry Goods Association (NRDGA). Atualmente, o evento se realiza todos os anos e reúne varejistas do mundo em um misto de conferência empresarial com trade show (palestras e negócios) e uma feira. Participam do evento grandes *players*, como Amazon, Walmart, Mercado Livre, Alibaba e Best Buy, além de muitos varejistas de médio e pequeno porte. O ano de 2022 marcou a 110ª edição do evento, com ampla repercussão internacional e mais de 25 mil participantes.

O desafio central da feira foi lidar com as mudanças globais causadas pela pandemia da Covid 19 e as novas tendências de consumo geradas pelas crises sanitárias, econômicas e políticas atuais. A NRF Retail's Big Show acontece todos os anos, geralmente na segunda semana de janeiro, na cidade de Nova York. Em 2022, a 110ª edição do evento ocorreu entre os dias 16 e 18 de janeiro. O espaço escolhido para sua realização foi o Jacob Javits Convention Center, que tem aproximadamente 310 mil metros quadrados de extensão. A edição de 2021 foi realizada on-line por causa da pandemia. Em 2022, com o avanço da variante Ômicron, o público foi metade daquele presente no ano anterior à crise sanitária, mas, mesmo assim, o evento foi ótimo e já está causando impacto no mercado, como também traçando as tendências para o futuro do varejo. A participação na NRF 2022, pela missão da Fecomércio RJ, liderada pelo presidente Antonio Florencio de Queiroz Junior, contou com a participação de micro, pequenas e médias empresas do Sebrae e da ABIH (Associação Brasileira da Indústria de Hotéis), buscou informações e conhecimentos sobre as tendências do varejo, com foco em novos modelos de negócios, tecnologias, inovações e realização de networking, com vistas ao desenvolvimento do setor de comércio varejista do estado do Rio de Janeiro.

De forma simplificada, a definição de varejo resume-se à venda de produtos ou comercialização de serviços em pequenas quantidades para o consumidor final. É uma atividade milenar e grande alavancadora do desenvolvimento econômico e social, que vem contribuindo positivamente para a história da humanidade. Sempre foi uma das atividades econômicas mais dinâmicas, uma vez que gera muitas oportunidades, postos de trabalho e valor.

O setor de varejo está sofrendo uma veloz transformação, principalmente por causa da recente crise da Covid 19. Esta gerou enormes impactos para tal setor estratégico em virtude da necessidade de distanciamento social, que provocou grandes perdas para a economia local e para o país. O setor de varejo já estava passando por mudanças com o advento das novas tecnologias, as quais foram adiantadas pela recente crise, que afastou muitos consumidores dos pontos de varejo fixo, que migraram para o comércio on-line, ou seja, o e-commerce. Para vários consumidores, essa foi a primeira experiência com o canal digital de vendas.

O que aconteceu então foi a antecipação, em alguns anos, do processo de compras e hábitos de consumo dos clientes, que experimentaram, em muitos casos por necessidade, a compra on-line. Isso pode mudar radicalmente a relação entre os negócios tradicionais e seus consumidores, que exige do varejista e de sua equipe uma grande transformação do modelo de negócios e o acesso a novos conhecimentos. Logo, é necessário incorporar com rapidez, e em muitas ocasiões de modo não planejado, as novas tecnologias e inovações para se relacionar de maneira mais eficiente e efetiva com os seus clientes, oferecendo produtos e serviços em suas lojas físicas, mas também em formato on-line, via plataformas de vendas, sites próprios e redes sociais.

Essas mudanças, que vêm ocorrendo muito rápido, estão exigindo do setor de varejo e demais setores uma rápida atualização e adequação aos novos tempos, pois os clientes que tiveram experiências de compras on-line não desejam perder sua conquista. Então, a lógica de comercialização sobre canais tradicionais de venda muda radicalmente, exigindo do varejista incorporar novos canais de relacionamento – sejam virtuais, sejam físicos revitalizados, com a mesma "cara da empresa" –, os quais devem ser coordenados de forma integrada, cooperando entre si, em uma estratégia chamada de omnichannel. Essa é uma tendência do varejo, junto ao inbound marketing, isto é, oferecer aos clientes conteúdos que podem ajudá-los, principalmente com relação aos produtos e serviços que o varejista pretende vender, criando reputação, autoridade e identidade para com o estabelecimento e sua marca.

Como foi observado, são inúmeras as novas atividades e os conhecimentos ne-cessários para a sobrevivência dos estabelecimentos de varejo, em particular os mais tradicionais e de menor porte, que se encontram exclusivamente em um ambiente físico, sem adequações e inovações. Cabe lembrar que o ambiente físico continua sendo muito importante, porém repensado e atualizado como local apropriado para os clientes desfrutarem experiências novas e também como ponto de estoque para a retirada de mercadorias vendidas por canais on-line ou por telemarketing, haja vista a praticidade e o crescimento das economias de proximidade ou de vizinhança. Isso significa que o varejista mais próximo do consumidor e que entender as suas necessidades e expectativas poderá servir com maior rapidez e de forma personalizada, criando comodidade e identidade para com os consumidores. Essa será uma grande vantagem no competitivo mercado do varejo.

A estratégia de proximidade ou vizinhança pode contribuir significativamente para o desenvolvimento econômico e social de uma localidade. Deve-se lembrar que a parceria do varejista com produtores locais poderá ser uma vantagem competitiva para os novos modelos de negócios do varejo, incluindo produtos genuínos com indicações geográficas. Estes são muito procurados em regiões turísticas, já que os consumidores desejam uma experiência singular e única, portanto estão dispostos a pagar preços prêmios por produtos e serviços genuínos e com identidade local.

5.1 Tendências observadas no maior evento de varejo mundial – NRF 2022

As novas tecnologias, com destaque para o e-commerce e os novos hábitos de consumo – promovidos pelo grande crescimento do home office como local de trabalho, são alguns dos fatores muito comentados na NRF 2022 que estão impactando mais o setor de varejo e exigindo novas estratégias para ele. A pandemia da Covid 19 atingiu toda a humanidade tanto em questões de saúde como também em novas práticas e formas de consumir produtos e serviços. Temos ainda as novas demandas econômicas e sociais referentes à redução do impacto dos negócios no meio ambiente, além das crescentes exigências da sociedade para a geração de mais empregos, qualidade de vida, oportunidades, igualdade e acessibilidade. Esses temas foram diretamente ou transversalmente apresentados pelos grandes varejistas e especialistas na NRF 2022.

Assim, o que foi apresentado na NRF 2022 foi um "tsunami" de exigências de mudanças, as quais desafiavam o empreendedor e os profissionais a se transformarem e adequarem o seu modelo de negócio e suas carreiras. Essa não é uma tarefa fácil, mas o grande desafio na atualidade para o varejista – apresentado na NRF 2022 – é entender o que está acontecendo, com o intuito de se preparar para mudar, preservando a essência da empresa, o seu "DNA". Daí em diante, por intermédio da busca por novos conhecimentos, informações e parcerias, será possível inovar, para manter ou ampliar os negócios, de modo equilibrado e sustentável.

Muitas novidades estão aparecendo, enquanto outras estão se consolidando. Na missão da Fecomércio RJ na NRF 2022, foi possível observar a consolidação do e-commerce como plataforma essencial de vendas, juntamente aos estabelecimentos físicos, traduzidos pelos especialistas no setor com o nome "figital". O termo significa a presença física e digital ao mesmo tempo no mercado, integrada com outros canais como redes sociais, canais de serviços, lives e games. Isso tudo consolida, de forma integrada, a estratégia de omnichannel, que é a convergência e coordenação de todos esses canais, com o objetivo de promover a melhor experiência e jornada para os clientes.

Então, a fim de complementar a estratégia de múltiplos canais de experiências e vendas para os consumidores, integrada pelo omnichannel, uma das grandes novidades para o varejo é o metaverso. Este é uma estratégia de fusão entre o mundo físico e o virtual, ocorrida por meio da tecnologia, em uma tendência de gamificação e digitalização de espaços físicos e também dos próprios clientes, com o uso de avatares personalizados, muito utilizados hoje nos games. Essa novidade, que ainda está em etapa de prototipagens e testes, é realizada principalmente por grandes varejistas e empresas de tecnologia de excelência global, como Amazon, Google, Microsoft, Facebook e Apple.

Cabe lembrar que todas essas empresas estão bem consolidadas no e-commerce, necessitando cada vez mais de inovações para se manterem na vanguarda da acirrada competição mundial; portanto, os demais varejistas devem observar essa novidade, o metaverso, para ver o que realmente será de interesse do consumidor e de factível viabilização em relação ao público-alvo (persona) desejado.

Outra novidade apresentada na NRF 2022, que pode ser de grande importância para os pequenos negócios e para o desenvolvimento local, são as economias de vizinhança ou de proximidade, evidenciadas por pesquisas feitas pela NRF Retail's Big Show 2022, em Nova York, com o mercado consumidor global. Essas pesquisas sinalizaram novas preferências dos clientes em relação a como desejam consumir; em sua maioria, eles responderam preferir comprar produtos e serviços na proximidade das suas residências (comodidade), que para muitos deles viraram postos de trabalho e renda por causa do home office.

A tendência para a compra de proximidade (local) é uma grande revolução no padrão de consumo criado pela crise provocada pela Covid 19. Essa lógica de atuação e consumo foi exemplificada pelo arquiteto espanhol Carlos Moreno, que cunhou o termo "cidade em 15 minutos". Isso aponta para um padrão de consumo de proximidade, de poucos quilômetros de distância. Tal tendência aparece com tanta força que alguns especialistas recomendam a grandes redes varejistas desenvolver estratégias customizadas locais, ter a cara do local e fazer parcerias locais. Essa nova tendência de atuação do varejo, sinalizada na NRF 2022, poderá ser uma ótima estratégia de revitalização dos centros comerciais de cidades do interior e de bairros das regiões metropolitanas de grandes cidades do Brasil, as quais estão integradas às novas tendências da abordagem "figital" e adequadas à cultura local, ao território. Essa revitalização promoveria, ao mesmo tempo, comodidade, sustentabilidade com redução de emissões, ocasionada pelas menores distâncias de consumo, e geraria emprego e renda na localidade, valorizando o varejo local e contribuindo mais intensamente para o desenvolvimento econômico e social das comunidades que se encontram na proximidade dos estabelecimentos comerciais.

Em relação às necessidades dos clientes, o bom atendimento continua sendo um diferencial e conta com um termo muito usado e já consolidado, chamado "centrado no cliente", além das demandas e necessidades da oferta de novos serviços integrados e complementados ao produto, o que foi bem evidenciado na NRF 2022. Realmente, a expansão do varejo se dará em muito pela oferta de serviços. A logística e a gestão da cadeia de suprimentos – consideradas relevantes para o sucesso do empreendimento, tanto quanto estratégia fundamental para ganhos operacionais – fazem grande diferença para os clientes e contribuem para o sucesso ou fracasso do empreendimento. O termo muito usado para essa estratégia é o supply chain management (gerenciamento da cadeia de suprimentos). Ainda como tendências, o cuidado com a saúde fica cada vez mais forte; assim, aparecem produtos e serviços que incorporam essas demandas, como tênis especiais, sensores em relógios e smartphones, app de suporte à saúde, roupas para acompanhar a saúde, alimentação saudável e incentivo ao esporte. Também é uma oportunidade a personalização cada vez mais individualizada de produto ou serviço, como diferencial competitivo.

Entre as grandes novidades apresentadas na NRF 2022 estão os NFTs (non-fungible token – token não fungível) físicos e digitais – os quais geram grandes ganhos e margens para o varejista –, que são produtos únicos, singulares, rastreados via blockchain, em que o consumidor paga um preço prêmio – em alguns casos em forma de leilão – para ter acesso a eles. De maneira simplificada, o NFT é um código de computador (chave ou token) que serve de autenticação de um arquivo como garantia de que ele é único. Esse é o significado de não fungível. Na economia, ativos fungíveis são aqueles cujas unidades possam ser trocadas sem alterar o valor; um exemplo é uma nota de 10 reais, que pode ser trocada por duas notas de 5 reais ou por dez moedas de 1 real. E os ativos não fungíveis são únicos, indivisíveis; como exemplo, um quadro da Mona Lisa. Então, é possível criar vários tipos de NFTs, como no caso de camisas de jogadores de futebol usadas em uma determinada partida ou final de campeonato em que determinados consumidores pagarão preços prêmios para adquiri-las. E também temos os NFTs digitais, como memes, emojis, desenhos e gráficos digitais, que podem ser todos únicos e rastreáveis por blockchain. Para isso tudo, é importante haver o engajamento e a manutenção dos colaboradores, tanto quanto uma boa liderança. Esta, como foi diversas vezes mencionada na NRF 2022, faz a diferença para o sucesso das empresas e de seus produtos e serviços, devendo ser sempre aprimorada. Com uma liderança transformadora empreendedora, a implantação das novas tecnologias e o engajamento de colaboradores, clientes e acionistas será mais eficiente e harmônica, criando uma abordagem mais fluida e responsável do empreendimento para com a sociedade.

Foi compilada uma série de expressões utilizadas de modo recorrente pelos varejistas e especialistas participantes das apresentações na NRF 2022. Seguem as expressões:

1. **Centrado no cliente – estratégia da empresa focada nas expectativas e necessidades dos clientes;**
2. **ESG – requisitos de gestão e operação baseados em responsabilidade ambiental, social e de boa governança;**
3. **Centrado nos colaboradores – estratégias de engajamento, motivação e manutenção dos colaboradores;**
4. **Metaverso – convergência do mundo físico com o digital por meio da criação de novos ambientes (mundos), com foco em entretenimento, relacionamento e compras;**
5. **Omnichannel – integração coordenada de múltiplos canais de relacionamento e venda para os clientes;**
6. **Liderança transformadora – novas habilidades e conhecimentos, flexibilidade, adaptabilidade, motivação e engajamento das equipes. Lideranças transformadoras empreendedoras e situacionais;**
7. **NFT – produto não fungível (bens únicos e insubstituíveis) e de alto valor – gera preço prêmio e grandes margens;**
8. **Logística – entregas de mercadorias com foco no mesmo dia e estratégias de logística reversa;**

9. Supply chain management – gestão de fornecedores, melhor fluxo de abastecimento e estoques – cultura organizacional na cadeia produtiva;

10. Igualdade e acessibilidade – igualdade sexual, de gênero, raça, diversidade e pessoas com dificuldades;

11. Parcerias – relacionamento com clientes, fornecedores e prestadores de serviços que fazem parte do modelo de negócio;

12. Compliance – conformidade com as regras e leis da sociedade e do mundo empresarial, integridade;

13. Venda de proximidade (local) – tendência criada com a pandemia da Covid 19, em que o consumidor deseja comprar a poucos quilômetros da sua residência, a qual se fundiu com o local de trabalho (home office);

14. Desenvolvimento local – preocupação dos grandes varejistas com o entorno dos seus ativos fixos e financeiros e da sua imagem perante a sociedade local: programas de emprego, educacionais e sociais. A empresa deve adicionar valor para a sociedade;

15. Live commerce – modelo de live (streaming) com especialistas e consumidores sobre produto ou serviço, com conteúdo e orientações para aumentar o relacionamento e as vendas – modelo em grande crescimento;

16. Personalização (customização) – produto e serviço individualizado para cada consumidor;

17. Serviços – complemento necessário para o crescimento do varejo. Cada vez mais os serviços são demandados pelos consumidores de forma integrada ao produto – apresentam grande potencial de inovação e complementação;

18. E-commerce – comércio eletrônico cresceu muito com a pandemia, e para algumas empresas já é o maior canal de vendas;

19. Figital – integração dos canais físicos e digitais, sendo uma tendência ter os dois ao mesmo tempo;

20. Inovação – novidades em produtos, processos e serviços aceitas pelo mercado, que muitas vezes paga um preço prêmio para ter acesso ao produto ou serviço, além de garantir a existência da empresa no longo prazo;

21. Tecnologia – ferramentas, principalmente digitais e disponíveis no mercado, que promovem ganhos de produtividade e qualidade no negócio.

22. Saúde e bem-estar – tendência crescente e acelerada pela pandemia da Covid 19;

23. Geração Z e Alpha – novos consumidores que entrarão no mercado e que nasceram 100% na era digital, não tendo referência vivencial do mundo analógico. Então, serão consumidores diferentes;

24. Economia prateada – com o aumento da longevidade da humanidade, uma grande oportunidade de negócios, produtos e serviços para as pessoas com idade mais avançada;

25. Analytics (dados) – coleta e análise de informações e dados detalhados dos consumidores para a tomada de decisões e o estabelecimento de estratégias;

26. Dados georreferenciados – informações geográficas do perfil do consumidor para adequação das estratégias do varejo para uma região ou localidade;

27. Treinamento – preparação cada vez mais exigente da força de trabalho nas novas tecnologias, no desenvolvimento de *soft skills* e na cultura das empresas;

28. Engajamento – de clientes, colaboradores e sociedade para a marca;

29. Sustentabilidade – é o cuidado com o meio ambiente, preservando-o para as novas gerações. Prioridade para os empreendimentos, deve estar no DNA dos diretores, gerentes e colaboradores, devendo ser liderado pelo presidente da empresa. É recomendada uma agenda de longo prazo com objetivos de curto prazo para metas de sustentabilidade.

O tema liderança foi destaque na NRF 2022, e a vice-presidente do Morgan Stanley, Carla Harris, resumiu em "oito pérolas" a boa liderança no varejo:

1. **Autenticidade;**
2. **Confiança;**
3. **Transparência;**

    Nota 1: o fundador é diferente de um CEO (startups) – isso define o sucesso em um determinado tempo.

4. **Criar lideranças – formando líderes;**
5. **Diversidade – laboratório multicultural (não só mulheres, por exemplo) – a inovação vem de várias ideias, ou seja, de várias experiências e perspectivas;**

    Nota 2: os presidentes, os clientes, os empregados, os fornecedores eram os únicos empoderados, agora é a comunidade que usa a mídia social (novo ator empoderado).

6. **Inovação;**
7. **Exclusividade – chamar as pessoas pelo nome e discutir problemas, dar atenção;**
8. **Dar voz – ouvir todos (colaboradores, fornecedores, clientes e comunidade). Motivar para se expressar.**

> Para ensinar a inovar, você precisa ensinar a falhar...
> O que mantém o líder no caminho é a coragem.
>
> **(Carla Harris)**

5.2 Resumo das tendências e desenvolvimento local

Como visto, o setor de varejo e demais setores estão sofrendo grandes transformações com o advento das novas tecnologias e das mudanças de hábitos criados pela pandemia da Covid 19. O termo "figital", atuação e presença de lojas físicas e canais virtuais ao mesmo tempo, é um caminho sem volta para o novo varejo; ainda há outras estratégias e mais canais digitais disponíveis ou que estão por vir, como exemplo o metaverso. Este último é uma criação de ambientes imersivos digitais criados para entretenimento, relacionamento e compras digitais em uma espécie de mundo paralelo digital.

Essa abordagem de múltiplos canais de relacionamento e experiência para com os clientes de forma integrada é uma tendência consolidada e chamada de omnichannel. Ainda como oportunidades e tendências, aparece a estratégia de desenvolvimento de atuações locais, de vizinhança, por lojas físicas, juntamente às oportunidades digitais; estas proporcionam maior comodidade para o consumidor. Isso aparece em decorrência de mudanças recentes, com lares se tornando postos de trabalho, por meio do home office, o que cria uma oportunidade de economias de proximidade. Nesse caso, o consumidor passa a ter mais comodidade e rapidez, graças à proximidade, necessitando de poucos quilômetros para adquirir um produto ou serviço. Essa abordagem local pode ser exemplificada pelo termo criado pelo arquiteto espanhol, Carlos Moreno, que foi genial ao denominar essa lógica de "cidade em 15 minutos". Tal estratégia pode fortalecer a relação do varejo com produtores locais e seus clientes na vizinhança.

Outra tendência para o varejo e demais empresas é a crescente demanda da sociedade para os negócios justos, com visão social e ambiental. Essa é uma forte tendência do consumidor para escolher uma empresa, seus produtos e serviços, acrescidas as exigências de grandes fundos de investimentos, que começam a exigir requisitos de ESG das empresas em que vão investir, atendendo às expectativas de seus clientes. Com a nova abordagem, o capitalismo passa a colocar nos seus modelos de negócios requisitos de responsabilidade ambiental e social, promovendo menor impacto no meio ambiente, maior acessibilidade, igualdade e geração de emprego e renda, de preferência nas proximidades do empreendimento e da cadeia produtiva da qual faz parte. Isso acontece também pela grande exposição que os negócios têm atualmente em redes sociais, nas quais um só clique negativo sobre uma empresa pode viralizar e atingir muitas pessoas, fazendo com que suas ações derretam nas bolsas de valores e criem perdas enormes.

Não podemos deixar de fora da análise de tendências o crescimento das NFTs físicas e digitais, com grandes ganhos e margem para o varejista, visto ser um produto único, singular, rastreado em blockchain, em que o consumidor paga um preço prêmio, em alguns casos em forma de leilão, para ter acesso ao produto.

Para isso tudo, é necessário o engajamento dos colaboradores e de uma boa liderança. Isso faz a diferença para o sucesso das empresas e de seus produtos e serviços. Por meio de uma liderança transformadora empreendedora e colaboradores engajados, a implantação das novas tecnologias e o relacionamento com os clientes, acionistas e a comunidade serão mais eficientes e harmônicos, criando uma abordagem mais fluida e responsável do empreendimento para com a sociedade.

Podemos concluir que a missão internacional para a NRF 2022, organizada pela Fecomércio RJ, foi extraordinária; superou expectativas e resultados, proporcionando aos participantes um programa muito bem organizado e com relevantes informações e conteúdo de utilidade para os empreendedores do varejo e instituições convidadas participantes. Acrescido a isso, o nível de excelência dos participantes, com grande capacidade, empatia e relacionamento entre eles, propiciou ótimas trocas de informação, conhecimento, além da excelente convivência.

capítulo 6

EMPREENDEDORISMO E DESENVOLVIMENTO LOCAL

A estratégia do desenvolvimento local é fundamental para o crescimento do emprego e da renda da população.

O tema "desenvolvimento local" pode ser definido como a assistência aos territórios menos desenvolvidos econômica e socialmente ou que demonstrem potenciais de crescimento, com o objetivo de promover resultados positivos percebidos internamente e externamente à localidade. Nesse processo, uma das questões fundamentais ao desenvolvimento é o engajamento das lideranças locais na construção de soluções adequadas para resolver os problemas existentes e planejar o futuro sustentável dos setores e das comunidades de um território. O território pode ser definido como uma região, uma cidade, um bairro ou parte deste. O importante é delimitar o universo a ser analisado e buscar informações quantitativas e qualitativas sobre as características culturais, tecnológicas, econômicas, sociais e ambientais existentes na localidade.

É importante destacar que as interações e convergências entre setores em uma determinada localidade, com o seu entorno e com outros territórios, são um fator crítico de sucesso para o desenvolvimento local. A lógica de interação – que pode ser endógena e exógena – demonstra a existência de um ecossistema econômico e social mais abrangente, o qual pode ser influenciado por ele e também influenciá-lo, evidenciando o processo de interdependência. É muito importante evitar a formulação de políticas de desenvolvimento de forma fragmentada e desconsiderar o sistema produtivo, social e ambiental por completo. Essa é uma falha muito comum na formulação, execução e gestão de muitos programas de desenvolvimento existentes.

Na proposição de soluções para o desenvolvimento de uma localidade, deve ser levada em consideração a redução das desigualdades regionais e do fomento às potencialidades de grupos locais nos quais seus membros sejam identificados não somente pelo espaço ocupado mas por traços culturais singulares que proporcionam sentimento de pertencimento e empatia. É possível usar informações organizadas por meio de metodologias científicas adaptadas a cada localidade para potencializar essas características locais.

Do mesmo modo, entre as questões referentes ao desenvolvimento local, as temáticas pertinentes à inclusão social produtiva e à sustentabilidade são fundamentalmente intrínsecas e interdependentes do processo de desenvolvimento. Conforme relatório elaborado pelo PNUD – Programa das Nações Unidas para o Desenvolvimento (Inclusão Produtiva no Brasil, 2015), em Objetivos Globais para o Desenvolvimento Sustentável (ODS), portanto, foram descritos 17 objetivos estratégicos que servem de parâmetro no processo de construção de projetos de desenvolvimento socioeconômico e ambiental que visam à inclusão produtiva.

Essas ODS especificam questões fundamentais referentes ao crescimento sustentável e inclusivo da sociedade e englobam temas sobre: erradicação da pobreza pelo incentivo à agricultura familiar e fome zero; melhoria da saúde e do bem-estar da população e dos visitantes; educação de qualidade; igualdade de gênero; água potável e saneamento; energia limpa e acessível; trabalho decente inclusivo e crescimento econômico; indústria, inovação e infraestrutura; redução da desigualdade social; cidades e comunidades sustentáveis; consumo e produção sustentável com a economia circular e colaborativa; ações contra mudanças climáticas; vida na água; vida terrestre; paz, justiça e instituições eficazes, com destaque para a importância das parcerias e dos meios de implementação das estratégias objetivadas.

Cabe ressaltar que políticas de desenvolvimento se fazem necessárias quando as condições sociais e de mercado não interagem para criar condições de melhoria da qualidade de vida da população, de forma espontânea. Então, como é possível definir, políticas públicas devem ser implementadas por meio de instrumentos que influenciam positivamente, direta ou indiretamente, a sociedade a evoluir de maneira saudável, inclusiva e próspera, o que não aconteceria naturalmente sem a aplicação dessas políticas. Tais soluções buscam minimizar possíveis assimetrias e falhas de mercado, além dos interesses meramente individuais e oportunistas. Nessa abordagem é importante identificar fatores sistêmicos, estruturais e locais que influenciam o ambiente social e econômico, impactando a qualidade de vida e o ambiente de negócios de seus trabalhadores e empreendedores.

Com vistas a propor soluções de curto e médio prazos, sem negligenciar a visão de longo prazo, faz-se necessário identificar os fatores mais próximos dos atores locais, que detêm controle parcial ou total sobre o estabelecimento de propostas e ações de melhoria social e econômica. A comunidade também pode influenciar os agentes de formulação de soluções estruturais responsáveis por questões como regulamentação, saneamento, educação e saúde, além dos assuntos ligados ao ambiente de trabalho, com foco em um melhor ambiente de negócios, e ao fomento do empreendedorismo. Em relação a esse ambiente, cabe lembrar que a atividade empreendedora é um dos pilares para o pleno desenvolvimento econômico e social de um território.

Essa abordagem pode ser um dos caminhos para a elaboração de projetos e estudos com foco no desenvolvimento local, por meio da valorização da cultura e da convergência setorial. Estes são importantes "alicerces" do desenvolvimento e do processo de inovação, e contribuem para a criação de novos postos de trabalho e fomento ao empreendedorismo. O caminho para o pleno desenvolvimento depende, portanto, da participação da sociedade organizada, por intermédio das instituições de fomento, educação e ciência, de representantes empresariais e do trabalho, além dos representantes governamentais. Para muitos especialistas no tema desenvolvimento, esse modelo, que é chamado de "hélice tríplice", ainda se mostra pouco utilizado na formulação de políticas de desenvolvimento econômico e social, devendo ser então mais disseminado (Figura 6.1).

Assim, para o desenvolvimento de uma localidade, devem-se fazer muitas reflexões sobre desenvolvimento econômico e social, sendo importante uma análise dos diversos aspectos que potencializam o desenvolvimento de uma economia forte e sustentável de uma região e de um comércio e serviço pujante. Logo, a visão dos empreendedores e empresas locais será fundamental para um efetivo projeto de fomento local. Em vista disso, a definição de novas soluções de políticas públicas que se baseiem na visão do empreendedor, com foco em atender às necessidades e demandas das micro, pequenas e médias empresas, é um tema central e será de grande valor para o crescimento de uma região e seu país. Então, é preciso desenvolver estratégias para fazer frente às mudanças que estão sendo apresentadas nos últimos anos por meio da visão e atuação empreendedora.

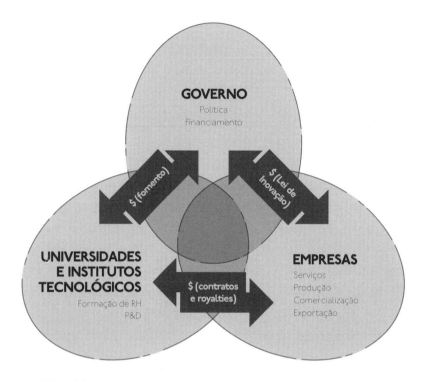

Figura 6.1 – Hélice tríplice.

O empreendedor, como um dos principais agentes do desenvolvimento econômico e social no modelo hegemônico vigente, deve opinar sobre aquilo que mais o afeta e o motiva. Atualmente, as dificuldades no ambiente de negócios no Brasil desestimulam o espírito empreendedor; desse modo, as bases para o crescimento econômico podem estar sendo negligenciadas no seu nascedouro e gerar consequências negativas para o desenvolvimento da economia brasileira.

No Brasil, as empresas são muito afetadas pelos problemas econômicos provenientes das mudanças de cenários e da concorrência internacional. O setor empresarial é a base do crescimento de um país e atua como gerador de valor, além de integrador dos demais setores econômicos e respectivas cadeias produtivas.

Funciona também pelo empreendedorismo, como porta de saída das crises econômicas mundiais – isso se observa na história da economia. Uma empresa forte gera sustentabilidade econômica, principalmente pelos aspectos dos ativos produtivos, tecnológicos e de recursos humanos envolvidos, capazes de fornecer agregação de valor de forma tangível para o desenvolvimento de uma economia vigorosa e longeva.

Alguns instrumentos de política de desenvolvimento vêm sendo utilizados a fim de incentivar determinados setores da economia brasileira, porém demonstraram-se insuficientes para a dinamização da economia de modo sistêmico. Por esse motivo, os pensamentos e sugestões dos empreendedores podem facilitar a compreensão sobre as necessidades efetivas desses setores, além de contribuir para a formulação de soluções que visem à criação de instrumentos de política industrial, tecnológica e econômica que promovam a "dinamização sistêmica" da indústria, do comércio e serviço brasileiro, integrando e adensando as cadeias produtivas locais.

Para a elaboração de uma estratégia de desenvolvimento local são necessários pelo menos 11 passos. Inicialmente, é importante conhecer os territórios a serem trabalhados, analisando o seu potencial e suas características. Em seguida, será possível identificar, pelo número de estabelecimentos e valor econômico gerado na localidade, os vetores potenciais de desenvolvimento prioritários, podendo incluir nesse momento, por questões estratégicas e de investimentos, também os setores portadores de futuro.

O terceiro passo será analisar em detalhes as condições econômicas, sociais e ambientais de forma integrada, identificando o potencial de melhoria e os possíveis caminhos para o desenvolvimento econômico e social, destravando os problemas e sugerindo soluções por meio de inovações ou exemplos em outras localidades. O quarto passo é o mais fundamental: identificar as lideranças positivas para planejar e coordenar o desenvolvimento do território, o qual, se negligenciado, impactará todo o desenvolvimento da região.

O passo 5 diz respeito ao processo de sensibilização das lideranças, empresas e instituições do setor público, privado, de empresas líderes (poder de compras) e do terceiro setor, ressaltando a importância de universidades e centros tecnológicos se engajarem e se motivarem para o desenvolvimento de todos, de forma colaborativa e compartilhada. Nessa etapa, é importante definir uma coordenação.

Como sexto passo, sugere-se criar um fórum ou conselho, que pode ser formal ou informal – dependendo do grau de maturidade dos envolvidos –, para definir um modelo de governança do processo de desenvolvimento local. Na etapa posterior, passo 7, é importante levantar as informações sobre programas e projetos já existentes (econômicos, tecnológicos, sociais, ambientais e educacionais), e integrá-los de acordo com os setores vetores de desenvolvimento identificados nas etapas anteriores. Deve-se analisar também o potencial de integração aos demais setores existentes, com foco na compra local, fazendo uso da teoria dos conjuntos (diagrama de Venn). Vale reparar que a lógica proposta para esse modelo de desenvolvimento é sistêmica, e não fragmentada.

Como passo 8, é a hora de descrever o plano de desenvolvimento local, definindo as ações, os valores, metas e responsáveis. Nessa etapa, é importante definir o plano de marketing e de compliance para o território. O plano deve ser subdividido em estratégico, tático e operacional.

O passo 9, o qual será determinado o modelo de coordenação e responsáveis, prioriza uma matriz de responsabilidade e um framework de funcionamento do modelo, mais adequado para o atingimento das metas do plano de desenvolvimento local. Quando se chega ao passo 10, que é rodar o PDCL, ou seja, acompanhar o planejamento (P), executar as ações e programas conforme agenda (D), checar os resultados (C), e promover as ações corretivas e os aprendizados (L), o projeto pode ser acompanhado e melhorado no seu processo de implantação.

E, por último, o passo 11, de documentação, destaca os casos de sucesso que servem de exemplo e testemunho dos resultados que estão sendo alcançados.

Desse modo, motiva todos os envolvidos e divulga os resultados interna e externamente, lançando mão de relatórios, publicações, livros, tudo isso em veículos de mídia tradicionais e tecnológicas, com destaque para as mídias sociais, ajudando a criar a imagem e reputação do território.

Esse modelo de desenvolvimento local, que utiliza os 11 passos, pode ser uma ferramenta poderosa para a busca do dinamismo econômico e social de uma localidade, cujo propósito é o crescimento de todos os atores, com foco em uma economia mais compartilhada, colaborativa, circular, eficiente e justa.

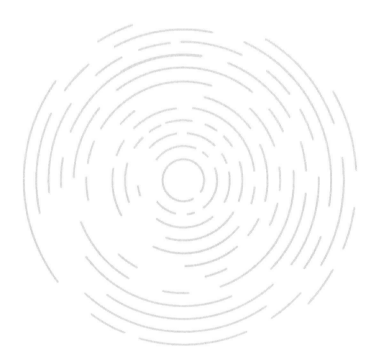

CONVERGÊNCIA SETORIAL - 11 PASSOS:

1. Análise das potencialidades do território e suas características.
2. Definição dos vetores de desenvolvimento.
3. Análise das condicionantes econômicas, sociais e ambientais.
4. Identificação das lideranças e agentes locais para engajamento.
5. Sensibilização e capacitação de lideranças e dos agentes de fomento.
6. Institucionalização de um Conselho/Fórum de Desenvolvimento - Grupo de Trabalho.
7. Análise de integração entre atividades e setores existentes com os vetores de desenvolvimento e projetos e programas locais da área econômica, tecnológica, social, educacional e ambiental.
8. Elaboração do plano de desenvolvimento (ação), do plano de marketing e do termo de *compliance*.
9. Coordenação e execução das atividades planejadas (responsabilidades).
10. Acompanhamento e *Avaliação* - metas (intermediárias e finalísticas) e gerenciamento (PDCL) de forma compartilhada.
11. Documentação e divulgação de "casos de sucesso".

capítulo

7

CONSIDERAÇÕES FINAIS

No final dos anos 1990 e na primeira década dos anos 2000, o Brasil definiu pela primeira vez, de forma sistematizada, as estratégias de setor e território como política pública de desenvolvimento local, por meio das vocações regionais. Empoderou os territórios produtivos e estabeleceu políticas públicas de desenvolvimento de polos competitivos ou arranjos produtivos locais em todo o Brasil, contando com importantes parceiros como o Sebrae, o BNDES, as universidades e o setor produtivo, com representantes da indústria, do comércio e da agricultura.

Foram inúmeras experiências bem-sucedidas, porém na segunda década dos anos 2000 essa abordagem foi deixada de lado como prioridade de política de desenvolvimento econômico e social. Tal fato não ocorreu em outras nações, que continuaram aperfeiçoando os seus instrumentos de fomento aos clusters, alavancando ainda mais seus territórios produtivos e suas economias.

Atualmente, os temas empreendedorismo, setor e território voltam-se às discussões sobre desenvolvimento e geração de emprego e renda, sobretudo com o fomento às bases de fornecedores locais pelo uso do poder de compras (mercado local). Nesse caso, é o poder de compra das grandes empresas que promove as compras locais de micro e pequenas empresas, que são os maiores responsáveis pela geração de emprego e renda na localidade. Essa é uma estratégia utilizada pelas economias avançadas no mundo, que foi amplificada com as recentes crises mundiais que geraram quebras de cadeias produtivas e dependência de determinados produtos e suprimentos estratégicos.

A abordagem de setor e território foi bastante atualizada, incorporando sobretudo as novas tecnologias digitais e de redes, melhor uso do poder de compras, melhor entendimento sobre governança e modelos de liderança, sistemas produtivos e suas interdependências, com o objetivo de promover convergências setoriais e adensar as cadeias produtivas nacionais que enfoquem o desenvolvimento local.

Então, nesse contexto de modelos multissetoriais que se baseiam em vocações e estratégias de desenvolvimento local – ancorados em determinadas temáticas, de preferência com visão sistêmica e foco em cadeias produtivas convergentes e transversais competitivas –, estão ganhando espaço novos modelos de desenvolvimento, haja vista a crescente demanda da sociedade por mais oportunidades, empregos e renda para todos.

Alguns temas – como liderança transformadora empreendedora, convergência setorial, interconectividade, economia compartilhada e colaborativa, cidades inteligentes, economia do mar, uso do poder de compras, desenvolvimento sustentável (Figura 7.1), ESG e economia circular – passam a dominar as rodas de discussões e os estudos sobre novos modelos de desenvolvimento e políticas públicas que possam criar empregos e promover a equidade social.

Também se fala em economia inclusiva. Significa que, além de riqueza e renda, pensa-se em incluir parte da população que está fora da atividade econômica, tornando-a parte do sistema produtivo formal. Assim, resultados econômicos poderão repercutir nas comunidades pela geração de renda e emprego, utilizando a lógica da convergência e de compras locais, contribuindo para o processo de inclusão social produtiva de grande parte da população em situação de vulnerabilidade, promovendo o desenvolvimento local inclusivo, construindo um efetivo programa de desenvolvimento econômico e social local, por meio do empreendedorismo.

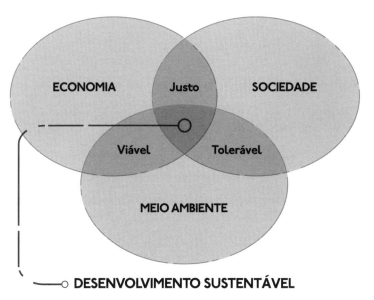

Figura 7.1 – Desenvolvimento sustentável.

Para concluir, como foi observado no decorrer deste livro, o mundo está sofrendo grandes mudanças seja do ponto de vista tecnológico, seja do político, do social ou ambiental, com rapidez cada vez maior, incluindo conflitos como guerras, a exemplo da Rússia com a Ucrânia, e criando incertezas em relação ao futuro. O importante é termos a consciência de que, apesar dos problemas, nunca a sociedade esteve tão preparada para lidar com tudo isso.

Uma das grandes questões da atualidade é a falta de emprego ou de postos de trabalho, resultado da falta de políticas públicas efetivas de fomento à geração de emprego e renda; com isso, parte da sociedade fica excluída de suas necessidades básicas. Esse é o maior problema da atualidade, em conjunto com as questões ambientais e as crises mundiais, visto que a falta de emprego ou de postos de trabalho impacta o bem-estar da sociedade e também a geração de renda.

Assim, na busca de caminhos para o desenvolvimento econômico e social, o fomento ao empreendedorismo e ao desenvolvimento local pode ser uma boa solução. Isso porque, com o empreendedorismo e as políticas públicas de fomento a ele, a população poderá criar o próprio trabalho, promovendo novas oportunidades de renda. É claro que a formação e a educação de qualidade devem ser melhoradas, visto que a educação é o insumo básico e mais importante para o sucesso de um empreendimento.

E, para complementar o empreendedorismo, o fomento ao desenvolvimento local é também uma forma de criar empregos na localidade, pois cria reputação e especializações locais por meio do estímulo às vocações locais e suas identidades, qualidades e singularidades. É com origem no local que um país poderá promover o seu desenvolvimento econômico e social de modo justo e igualitário, dentro das regras da competitividade. O Brasil, com seus enormes recursos naturais – sejam terrestres, sejam marítimos – e com uma diversidade cultural extraordinária, apresenta um enorme potencial de crescimento econômico e social para as atuais e futuras gerações. Vamos então empreender no Brasil desenvolvendo todas suas extraordinárias economias locais.

A Editora Senac Rio publica livros nas áreas de Beleza e Estética, Ciências Humanas, Comunicação e Artes, Desenvolvimento Social, Design e Arquitetura, Educação, Gastronomia e Enologia, Gestão e Negócios, Informática, Meio Ambiente, Moda, Saúde, Turismo e Hotelaria.

Visite o site **www.rj.senac.br/editora**, escolha os títulos de sua preferência e boa leitura.

Fique atento aos nossos próximos lançamentos!

À venda nas melhores livrarias do país.

Editora Senac Rio
Tel.: (21) 2018-9020 Ramal: 8516 (Comercial)
comercial.editora@rj.senac.br
Fale conosco: faleconosco@rj.senac.br

Este livro foi composto nas tipografias Aktiv Grotesk, BC Alphapipe e Eds Market, e impresso pela Imos Gráfica e Editora Ltda., em papel offset 90g/m², para a Editora Senac Rio, em agosto de 2022.